合格ナビ！
研究計画書の書き方

進研アカデミーグラデュエート大学部 編／
千島 昭宏 著／野林 靖夫 監修

東京図書

Ⓡ〈日本複製権センター委託出版物〉

　本書を無断で複写複製（コピー）することは，著作権法上の例外を除き，禁じられています．本書をコピーされる場合は，事前に日本複製権センター（電話：03-3401-2382）の許諾を受けてください．

はじめに

　進研アカデミーグラデュエート大学部は、大学院入試や社会人入試、修士論文対策などを中心に 35 年余りにわたって指導を行ってきました。その中で大学院入試で特に重要である研究計画書や志望理由書を書く上で、より具体的な分析法を求める声が増えてきました。過去には『これで書ける！大学院研究計画書攻略法』を刊行しましたが、ある意味で書式本の域を越えていない感がありました。

　そこでこのたび本校では、大学院進学を考えている方のために新たに本書を刊行することといたしました。

　構成としては、大学院受験に向けて知っておくべきことや研究計画書の位置づけ、その作成法や具体例を解説しただけでなく、統計分析の方法の概論を示したあと、具体的方法と実例を挙げてさらに説明しました。加えて、修士論文を作成する方のために、研究計画書から修士論文へどうつなげるのか、その応用も紹介しました。そのため、内容も特定の分野や考え方に偏ることなく、なるべくどのような分野の方にとっても有用であるよう心がけました。

　大学院進学を予定していて、プランは浮かんでくるが具体的にどのように研究計画書を書けばいいのかわからない方、入試を乗り切るための志望理由書の書き方がわからない方、研究計画書は書けたが修士論文にどのように落とし込むのかがわからない方、そのような皆様のお役に立てればと願っています。

　この本の作成にあたっては、多くの本校卒業生から研究計画書や修士論文の実例を提供いただきました。ご協力に心から感謝します。

進研アカデミーグラデュエート大学部主宰

野林　靖夫

Contents

はじめに　iii

0章　大学院受験に向けて

§1 **大学院について知る** ……………………………………………… 2

　1-1　大学院とは ……………………………………………… 2

§2 **大学院に入るための準備** ……………………………………… 6

　2-1　入試を受ける際の注意 ……………………………… 6

　2-2　筆記試験について ……………………………………… 7

　2-3　事前訪問する …………………………………………… 9

　2-4　情報収集―指導教官や大学院の選択 ……………… 11

1章　研究計画書の位置付け

§1 **研究計画書とは** ………………………………………………… 16

§2 **文章の作成と構成** ……………………………………………… 18

　2-1　文章の作成 ……………………………………………… 18

　2-2　文章の構成 ……………………………………………… 19

　　　始まりの段落 ／ 視点の転換 ／ 結論

§3 **研究計画書への展開** …………………………………………… 25

§4 **背景と問題意識** ………………………………………………… 29

§5 **先行研究の調査** ………………………………………………… 32

§6 **研究内容の説明** ………………………………………………… 34

§7 **研究方法** ………………………………………………………… 36

　7-1　研究の型 ………………………………………………… 36

　　　現実分析型 ／ 改革・提案型 ／ 理論検討型

2章 研究計画書の作成

§1 **面接のための研究計画書** ……………………………………… 44

§2 **テーマ設定―何を明らかにするのか？** ……………………… 48

2-1 実例① …………………………………………………… 51

2-2 実例② …………………………………………………… 53

§3 **先行研究の調査** ………………………………………………… 55

3-1 ネット検索と入門書を手掛かりに ………………… 56

3-2 白書を利用する …………………………………………… 57

§4 **目的の設定** ……………………………………………………… 60

4-1 「今後の課題」からヒントを得る ………………… 61

4-2 重箱の隅をつつく ………………………………………… 61

3章 分析方法 〜統計について〜

§1 **統計手法** ………………………………………………………… 64

§2 **統計処理とは** …………………………………………………… 65

§3 **統計の基本** ……………………………………………………… 68

3-1 Excel の利用 ……………………………………………… 68

3-2 基本統計量 ………………………………………………… 69

平均 ／ 中央値 ／ 最頻値 ／ 分散 ／ 標準偏差

3-3 共分散と相関 ……………………………………………… 74

§4 **分布とは** ………………………………………………………… 76

§5 **推測** ……………………………………………………………… 79

5-1 中心極限定理 ……………………………………………… 79

5-2 対立仮説と帰無仮説 …………………………………… 80

5-3 どうやって確かめるのか？ ………………………… 81

Contents　v

§6 **統計量とは？― 様々な分布** ………………………………………… 82

6-1 標準正規分布 ………………………………………………… 82

6-2 標準化 ……………………………………………………… 83

§7 **分布から検定へ** ……………………………………………………… 85

7-1 χ^2 分布 ……………………………………………………… 85

7-2 t 分布 …………………………………………………………… 87

7-3 F 分布 ………………………………………………………… 88

3章まとめ …………………………………………………………………… 90

4章　分析方法　〜具体的方法と実例〜

§1 **t 検定** …………………………………………………………………… 92

1-1 t 検定とは ……………………………………………………… 92

1-2 Excel での t 検定 ……………………………………………… 94

1-3 t 分析の手順 ………………………………………………… 96

§2 **χ^2 検定とクロス表分析** …………………………………………… 101

2-1 χ^2 検定とクロス表分析とは ……………………………… 101

2-2 クロス表分析の期待値 ……………………………………… 102

§3 **F 検定** ………………………………………………………………… 105

3-1 F 検定とは …………………………………………………… 105

3-2 Excel での F 検定 ……………………………………………… 106

§4 **回帰分析と重回帰分析** …………………………………………… 108

4-1 回帰分析 ……………………………………………………… 108

4-2 重回帰分析 …………………………………………………… 112

§5 **分散分析** …………………………………………………………… 116

5-1 分散分析とは ………………………………………………… 116

| **5-2** | Excel での分散分析 | 118 |

§6	因子分析	120
§7	アンケートの作成	121
§8	質的研究について	124
§9	研究計画書に落とし込む	127
9-1	実例①	127
9-2	実例②	133
9-3	実例③	137

5章　実際への応用　～研究計画から修士論文へ～

§1	研究計画書	146
§2	修士論文の構成―背景と問題意識	151
§3	分析	158
3-1	仮説の説明	158
3-2	対象の説明	159
3-3	結果の説明	160
3-4	多角的な視点による分析	166
§4	考察	170

6章　研究計画書の具体例

作成時のポイント	174
1	仕上げ	174
2	指摘や議論を恐れない	174
看護分野　～ Sample A	176
環境分野　～ Sample B	178

政策分野　～ Sample C ……………………………………………… 180

教育分野　～ Sample D ……………………………………………… 182

環境分野　～ Sample E ……………………………………………… 184

経営分野　～ Sample F ……………………………………………… 186

経済・社会学系分野　～ Sample G ……………………………… 188

国際協力分野　～ Sample H ……………………………………… 190

心理学分野　～ Sample I …………………………………………… 192

経済・経営分野　～ Sample J …………………………………… 194

7章　パネル法による研究計画書作成

§1　パネル法 ……………………………………………………… 198

　1-1 パネル法とは ……………………………………………… 198

　1-2 研究の型（タイプ） ………………………………………… 198

§2　パネル法の活用例 ……………………………………………… 200

　2-1 志望理由パネル ……………………………………………… 200

　2-2 研究タイプ別パネル ………………………………………… 206

補足 ― 通信制大学院　　　　　　　　　　　　　　　　　5

補足 ― 飛び級とは　　　　　　　　　　　　　　　　　14

補足 ― 志望理由書　　　　　　　　　　　　　　　　　39

分析ツールが見つからない ― アドイン　　　　　　　99

補足 ― データの集計　　　　　　　　　　　　　　　142

●カバーデザイン：山崎幹雄デザイン室

大学院受験に
向けて

　大学院へ進学してみたいと思ったとしても、何をどうすれ
ばいいのかわからない方が多いと思います。まずはここで大学
院とはどんなところなのか、あるいは研究とはどんなものなの
かを簡単に紹介します。

§1 大学院について知る

1-1　大学院とは

● 修士課程、博士前期課程とは
・大学院の最初の2年間である。
・「修士課程」というところもあれば、「博士前期課程」というところもある。
・修士課程（あるいは博士前期課程）の要件に定められた単位数を取得し、修士論文審査に合格すれば、修士課程を修了し修士の学位が授与される。

● 博士課程、博士後期課程とは
・修士課程を修了した後の3年間の課程である。
・「博士課程」というところもあれば、「博士後期課程」というところもある。
・博士課程（あるいは博士前期課程）の要件に定められた単位数を取得し、博士論文審査に合格すれば、博士課程を修了し博士の学位が授与される。

　大学院は、自分の研究を行うために関連する講義を履修し、研究を進めるところです。研究成果として、研究論文を作成します。研究が認められれば研究者としての成果となり、その分野での専門性が認められることになります。

　大学院の最初の2年間の課程を修士課程または博士前期課程といい、要件に定められた単位数の履修科目の単位を取得して、修士論文を書きその審査に合格すれば修士学位が授与されます。なお、一部の専門職大学院では、修士論文の作成が修了要件に含まれないところもあります。在籍年限は最大限4年であり、2年を超えるものをオーバーマスターといいます。また、一部大学院では社会人研究生のために、4年の在籍期限をあらかじめ設けているところもあります。

　博士課程または博士後期課程は、修士課程修了後にさらに研究を続けていくところで3年間の課程のことをいいます。要件に定められた単位数の履修科目の単位を取得し、博士論文を書き審査に合格すれば博士課程を修了でき、博士の学

2　0章　大学院受験に向けて

位が授与されます。一方、博士課程の単位は取得したものの博士学位が取得できない場合もあり、この場合、博士課程単位取得といいます。なお、大学院によって違いはあるものの博士学位取得には平均して5年程度かかります。博士課程の在籍年限は6年です。

　大学院に入ると自分の研究の成果を発表する場として、論文を投稿したり学会に所属・参加したりする機会があります。学会での発表論文が成果として評価されるので、研究生活をするうえで重要になります。いずれにしてもあなたが、何を目的にして修士、博士学位を取得しようとしているのかに応じて先々の学位取得後のコースを考えておくことが必要です。大学院は研究を目的にしているので、研究計画を立て、研究に必要な科目を履修し、修士論文を作成します。そのため、研究しようとする意識をもった学生が集まってきます。なお、修士論文を提出し審査に合格しない限り大学院修士課程は修了できません。

● 大学との違い

　大学は専門的な学問を幅広く学ぶところです。もちろん、卒業論文もありますが、取得単位数が重要で卒業論文を出さなくても単位が足りていれば卒業できるところが多いです。履修授業数は、大学院では少ないのに対して大学ではかなり多くなります。

　一方、大学院の場合、受講する学生数が少ないので毎回発表を行う場合もあります。その準備のために何日もかかる場合もあります。授業形態の多くは少人数のゼミ形式のようにディスカッションがベースです。一方的に先生が講義するのではなく、受講者が自ら資料を探し、答えを見つけなければなりません。また、教員との距離感については、大学院は少人数なので人柄を知ってもらえる距離といえます。そのため、大学院生活をうまく乗り切るには人間関係が重要です。これがこじれてしまうと授業はおろか、修了にも影響してくることになります。途中で指導教官を変えてもらうことは可能ですが、研究以外のストレスはやはり大きいのです。そのような意味で事前訪問や説明会へ参加することで、ある程度の雰囲気を掴む必要があります。

● 研究大学院と専門職大学院の違い

　大学院には、研究大学院と専門職大学院がありますが、それぞれについての特

§1　大学院について知る　**3**

色を紹介しましょう。まず、研究大学院は学部をもち、その上に立つ大学院です。たとえば経済学部が学部としてあれば、経済学研究科はその上に立つ大学院で、学部との繋がりが大きく専門の授業も学部の教授が大学院と大学の両方を教えている場合が多くあります。大学院によっては、学外から学生をとらない場合も多くありますので情報を確認しておくことが重要です。一つの研究室には、1〜3名程度の大学院生が在籍し教授を中心として、すべてのことが進められます。主に研究が中心です。ただし、臨床心理学などの研究科に他の学部から受験する場合、編入学を勧められる場合もあります。

　一方、専門職大学院は大学の学部をもたずに大学院だけをもつのが多いケースです。そして、「ビジネススクール」や「○○専門職大学院」などの名称が付けられていて教授を中心にケーススタディが進められます。中には、社会人のみを対象にしている大学院もあります。一つの研究室に5〜10名程度の大学院生が在籍し、様々な職業フィールドをもつ社会人で構成されています。指導する側にも現場を経験している人が多くいます。主に、学術的研究というよりも現実に即したケーススタディが中心です。大学院生は様々な分野から集まってくるため、情報交換ができるというメリットがあります。また、社会人になるとなかなか所属組織以外の人と議論をしたり、友人をもったりという機会は少なくなります。実際に進学された方の話を聞くと、人脈ができたことが一番良かったという人が多いようです。

4　　0章　大学院受験に向けて

補足 — 通信制大学院

　大学院には、通学制大学院と通信制大学院がありますがその違いはどこにあるのでしょうか。通信制大学院は web を通じて授業が行われ、課題は web 上で発表され、それに従ってレポートを作成し提出します。大学院によって異なりますが、他の大学院生のレポートに対して質問を投げかけたり、逆に自分のレポートに対する質問に答えたりもします。このやり取りとレポートの内容も評価されます。また、教授との面接やスクーリング授業（実際に通学すること）もあります。修士論文は各自で作成し途中経過を指導教授に見てもらい指導を受けます。ただし、通学制大学院と違って途中経過を発表する機会が少ないのが実状です。定期試験は、ネットワークを通して送られてくる問題を 3 時間程度で回答する方式で行われます。放送大学大学院など通信制大学院は、忙しかったり、遠隔地に住んでいるために大学院の授業に出席できない人にとっては利用しやすいでしょう。

　一方で、通信制大学院に進学をするには、他の院生や先生からの助言などを得る機会が極めて少ないため、「自分ひとりでしっかりとやりぬくんだ」という強い決意が必要です。手軽さゆえに途中で辞めたり、情報が少ない中でテストやレポートを受けなければならないのでかえって厳しく感じられる方が多いようです。

§2 大学院に入るための準備

2-1 入試を受ける際の注意

● 時期に注意

　大学院入試は、特に9〜10月に多く行われます。出願の書類提出期限は1か月前くらいなので、だいたい8〜10月頃が最も忙しくなります。特に学部生は早めに動き始めないとピークの時期を過ぎてしまい、進路の選択肢を狭めてしまうことになりますので注意しましょう。

● 試験は二段階 ― 道具に注意

　試験科目は、研究系であれば、英語と専門小論文、面接で行う大学院がほとんどです。専門職大学院であれば小論文と面接ないし、面接だけです。筆記試験を一次、面接を二次試験とする形式が中心です。同じ日に行うところもあります。大学入試と異なり、面接の比重が高いので対策が必要です。

　筆記用具なんて……と思われるかもしれませんが、こういう細かいことを気にしない人は多いようで、過去にそれで失敗した人もいます。筆記試験はシャープペンシルや鉛筆を使うのが通常ですが、ボールペンのみ使用可としたり、消せるボールペンは不可など、使えるペンの種類まで指定するところもあります。持ち込める辞書の種類の指定（電子辞書不可や、紙の辞書であれば何でもよい、など）も多様です。必す試験における注意点をチェックしましょう。

● 提出書類 ― 推薦書に注意

　必要な提出書類としては志願票や研究計画書もしくは志望理由書、専門職大学院であれば職務経歴書などがあります。進学先を決めたとなったら、まずは提出すべき書類が何かを調べましょう。

　盲点となるのが推薦書です。提出が任意の場合や、必須の場合もあります。合否を左右するものではないのですが、頼むことができる人が周りにいるならば書

6　0章　大学院受験に向けて

いてもらい提出しましょう。

● 実際に行ってみる

　説明会に参加して、雰囲気を掴むことは重要です。どの大学院でも説明会を行っています。先輩からのインフォーマルな情報を聞くことで、どのように勉強したのか、どの先生はいいといった情報が聞けるかもしれません。実際に大学に行ってみると、かつての私がそうであったように受験に対するモチベーションが湧いてくるものです。

　繰り返しになりますが、とにかく早めに動きましょう。大学入試と違って、条件や日程があまり制限されていない部分もあるので、どうしても簡単に考えてしまう人が多いようです。しかし、英語の力や論述の力がすぐに身につく訳ではありません。提出する書類も多いですし、事前訪問や推薦書のお願いなど、やることは多いのです。

　そして、必ず自分の目で確かめることです。試験に関する注意事項を精査したり、大学院の雰囲気を掴むことが重要です。入試に関する情報は少ないので、とにかく動いてカバーしましょう。

2-2　筆記試験について

● 英語に関して
・基礎的な力が不足している場合は、構文練習から始める。
・過去問題を取り寄せて、過去問題を解く。
・過去問題に出ている用語を覚える。
・類似した問題を解く。

● 専門論文に関して
・過去問題を見て、問題傾向を把握する。
・大学院によっては同じテーマが5年間繰り返し出題されているところもある。
・たとえば社会学研究科であっても、社会学ではなく政策が出題される場合もある。
・論文、用語説明問題を解いてノートに一つずつまとめておく。

§2　大学院に入るための準備　**7**

試験となると身構えてしまう人もいますが、準備をきちんとすれば心配することはありません。研究テーマに関しては、後の1章や2章で紹介しているのでここでは省略します。

　研究計画書ができ上がったとして、では次に進みましょう。他の試験科目が課されている場合には、その学習に移ります。

　英語については、今のレベルがどの程度なのかをしっかりと把握しておくことが必要です。大学院入試の英語の場合、長文和訳が多いため、文法の細かい学習は必要ありません。むしろ、英語の構文や英文の係り方の練習から始めることが必要です。それができ上がったら、受験校の過去問題を解いて問題形式に慣れることが重要です。また、専門英語などを覚えることも並行して行う必要があります。たとえば、経済用語であれば経済学辞典の、心理学用語であれば心理学辞典の、後ろにある索引を見ることをお勧めします。要旨をまとめる問題形式への対策として、問題文の重要な箇所を抜き書きする練習をすると効果が上がります。なお、問題の英文が6枚以上にわたるような長文問題で結論を問われているとき、ほとんどの場合は英文の最初か最後をまとめればよいケースが多いようです。専門英語の場合には、理論がある程度わかっていればスムースに日本語に直すことができます。

　専門論文について見れば、まずは、過去問題から解いていくことを勧めます。というのも、大学院によっては同じ問題が過去5年間繰り返し出題されているケースも稀にあるからです。また、問題の類型を見ることによって学際的な学習をすればよいのか、現状分析的な学習をすればよいのかがわかります。また、問題の形式、よく出題される傾向がおのずとわかってきます。日々の学習では論文、用語説明問題を解いてノートに一つずつまとめておくのがよいでしょう。また、並行して研究計画書の作成を行うと相互に行ったり来たりしながら学習することができます。

● 試験の実際

　実際の試験で注意しなければならないのは、試験は手書きであるということです。漢字、忘れてませんか？　私はもうボロボロに忘れています。試験で一度書いた文章はPCでの作業のようにデリートできません。消しゴムで消す時間が必要ですよね？　PCで作った文書のように、きれいな明朝体が整然と並ぶわけで

8　0章　大学院受験に向けて

はないのです。慣れていないとあっという間に試験時間は過ぎていきます。自分は大丈夫と思う人は一度時間を測って論述してみてください。多くの方が「練習をしなければ」と思うはずです。研究計画書は PC でいいのですが、筆記試験についてはとにかく手を動かすことです。そして、慣れたら試験時間と同じ時間で答案を作成するといいでしょう。

　多くの人が、大学院入試も、先生の話を聞いて何かを暗記すればするほどいいという大学入試の延長と考えているようです。確かにそういう面はあります。しかし、経済や統計のように数式があって答えがあるような問題であればいいのですが、「〜について自分の考えを述べよ」という問いや、面接で「〜についてあなたの見解を教えてください」と問われたとき、どうでしょうか？　論述の工夫については他書に譲りますが、自分の考えを述べる訓練はやはりしておくべきでしょう。黙って暗記するだけではなく、手と口を動かしてアウトプットの練習をするべきです。

2-3　事前訪問する

● 事前訪問とは
- テーマのミスマッチを防ぐために、実際に大学院のゼミや研究室を訪問し教授と面談すること。
・試験の公平性の立場から、事前訪問を行うことを拒否する大学院もある。

● 合否は事前訪問で決まる場合も
・事前に訪問していないと、筆記試験に合格しても面接試験で不合格にされる場合もある。
・ゼミ訪問で教授が関心を示せば、研究計画書の添削から資料提供の便宜を図ってくれることもある。
・研究室訪問で悪い印象を与えると、筆記試験に合格したとしても面接試験で不合格にされる場合もある。

● アピール
- 研究計画書をゼミ訪問前に作成して、その内容をしっかりと伝えること。

§2　大学院に入るための準備　**9**

・しっかりとアピールをして売り込む。

・不快感を与えない服装をし、受け答えをハッキリとし、良い印象を与える。

・大学院のゼミに知り合いの大学院生がいれば紹介してもらう。

　事前訪問とは、実際に大学院のゼミや研究室を訪問して教授と面談することをいいます。事前に希望する教授と会うことで、自身の研究テーマが指導可能かどうか、どのような人物を求めているかなどを聞くことができ、お互いにミスマッチを防ぐという点で大切なものなのです。訪問する際には、前もって教授からアポイントをとることが必要です。というのも、忙しくしているときにいきなりゼミ訪問を行うのはマイナス効果になり、悪い印象を与えてしまうからです。また、大学院によっては、試験の公平性を守る立場からゼミ訪問を拒否するところもあります。ゼミ訪問は、受験生にしてみればどのような指導が受けられるのか、指導教授とうまくやっていけるのかを判断する場になり、教授にしてみれば指導可能な受験生か、内部の和を守ってくれる人物かを判断する場になります。

　このゼミ訪問が合否のカギを握る場合があります。もし、ゼミ訪問をしないで受験をすると筆記試験に合格しても面接試験でミスマッチがわかり、指導を引き受けてもらえないこともあります。一方で、ゼミ訪問をしっかりと行って相手に良い印象を与え、教授からも関心をもってもらえれば、研究計画書の添削から資料提供の便宜を図ってくれる場合もあります。また、授業やゼミへ参加するように誘われることもあります。

● 訪問のタイミング

　ゼミ訪問を行う前には、しっかりと事前準備をして取り掛かることが大切です。まず、研究計画書をゼミ訪問前に作成しておくこと、たとえば6〜7割ができ上がった時点で一度、事務室などに訪問の相談をしてみてください。ゼミ訪問をした際には、自分の研究のテーマや関心のある事項をハッキリと伝え、良い印象を伝えるのが効果的です。そして、しっかりとアピールをすることです。

　大学院説明会やオープンキャンパスの際に、教授を紹介してくれる場合もあるので、事前準備をしっかりとしてから積極的に参加することをお勧めします。なお、慶應義塾大学大学院政策メディア研究科のように受験引き受け証を求めるところもあります。

10　　0章　大学院受験に向けて

2-4 情報収集 ― 指導教官や大学院の選択

● 指導教官の著作物から収集する
・指導教官の発表している論文など
・どのようなジャンルのことに社会参加しているか

● 過去に指導した修士論文から収集する
・どのようなテーマまで指導しているのか
・表に出ている専門と異なるテーマを指導している場合もある。
・主に用いている分析法は何か。量的アプローチか質的アプローチか。

● ゼミ訪問をして、大学院生から収集する
・試験の出題範囲
・研究計画書のテーマ
・読んでおくべき本
・ゼミの雰囲気
・大学院生の在籍状況

　事前訪問の重要性がわかったかと思いますが、では誰に会えばいいのでしょうか？
　大学院の研究室で研究されていることや、大学院の特色を知るには情報を収集することが大事です。受験しようとする大学院のwebサイトにアクセスをし、そこに掲示されている細かい情報までを読み取ることです。これを通じて、研究科の特色、指導教官とその専門領域、指導教官が所属する学会、大学院で行っているプロジェクトなどの詳細、就職や進学状況などを見ます。これらが、その大学院を志望した理由にも繋がってきます。二つめに、指導教官の著作物による情報収集を行います。これを通じて教授の発表した論文や、どのようなジャンルのことに社会参画しているのかを調べます。三つめに過去に指導した修士論文からも情報を集めます。これを通じて、どのようなテーマまで指導してもらえるのかがわかります。というのも、表に出ている研究テーマと異なるテーマを指導している場合もあり、それもよくあることだからです。そして、修士論文の作成に関

§2　大学院に入るための準備　**11**

して特に重要なことですが、量的アプローチか質的アプローチか、分析法も見ます。なぜなら、質的アプローチのわからない教授に、質的方法で研究をしても通じないからです。

● 迷ったら……

　研究室やゼミ、教官のwebサイトがあるので活動状況をチェックしてみてください。何かしらの雰囲気 ― 厳しそうとか、楽しそう、研究志向、学際的かどうか ― などがわかるかもしれません。あとはやはり、事前訪問をして会いに行くことです。ゼミ訪問をして教官に会うことです。またこれを通じて、試験の出題範囲、研究計画書のテーマが研究室にふさわしいものであるのか否か、読んでおくべき本、ゼミの雰囲気、大学院生の在籍状況を知ることができます。またミスマッチがあった場合、教官から他の教官を紹介してくれる場合もあります。

　以上の情報収集を通じて、より具体的な試験対策ができます。なお、研究計画書のテーマに関しては入学後に学習を通して変わることが多くありますから大学院入試のための書類の一つと考えて研究計画書作成に取り組むとよいでしょう。

● そのほかの注意事項 ― 特に社会人に向けて

　社会人の方は、大学院の授業がある曜日と時間に注意が必要です。仕事をもっている社会人にとって、研究と仕事を両立させるにはバランスが必要になってきます。そのため、授業開講曜日や時間と仕事の時間を考慮に入れて、大学院生活全体を計画することが求められます。

　二つめとして、受験資格の有無も重要ですからきちんと確認しましょう。「大学卒業」を受験資格としている大学院は、当然のことながら高卒の人は受けられませんから、その場合、受験先を変更し、飛び級で進学できる大学院を検討しなければなりません。

　三つめとして、教員や講義形態、内容です。社会人どうしで情報を共有し、ケーススタディすることを考えている場合、講義を聞く学生数や教員の専門を調べておく必要があります。学生数が少なかったり、専門違いの教員が担当するようなことがあれば、自分が希望するような研究ができないかもしれないからです。

　四つめとして、長期履修制度があるか否かも確認しましょう。2年間で研究課題を研究し論文を仕上げるのは、働きながら学ぶ者にとっては並大抵のことでは

ないでしょう。そのため長期履修制度を設けている大学院もあります。その場合、じっくりと研究ができます。

　五つめとして、修士論文を書く必要があるかないかも確認しましょう。専門職大学院では修士論文を書く必要の無いところが多くなっています。論文を書かないのに大学院というのも若干違和感がありますが……。多くの労力を割かれる論文の作成が要求されないというのは、社会人にとってはいいかもしれません。

§2　大学院に入るための準備　**13**

補足 ― 飛び級とは

● 飛び級大学院の受験資格
• 高校あるいは短大を卒業していて、一定の年齢にある社会人
• 次の項目により資格を審査される
・志望理由書、職業経歴書、学習計画書（各大学院によって異なる）
・面接審査

● 大学院の入学試験
• 研究計画書の提出、面接審査、小論文など

　大学は卒業していないけれど、大学院で研究をしていることはよくわかるという社会人も多いと思います。そのような人達にお勧めの大学院受験制度が飛び級制度です。飛び級制度とは高校卒業、あるいは専門学校、短大卒業者であっても、各大学院が行っている受験資格の審査に合格すれば、大学院に進む資格を得られるというものです。これまでの実績や年齢条件を問われたり、推薦書や志望理由書、学習計画書、経歴書などの提出を求められたり、審査の方法は様々ですが、各大学院が行う面接試験と教授会による審査に合格すれば大学院を受験できます。たとえば会計、財務など専門的な職業に就いている人は実務経験があれば受験は可能です。その後は、一般の受験生と同じように研究計画書を提出し、小論文や面接試験に合格すれば大学院に進学することができます。飛び級大学院を認める大学院は今後もますます増加していくものと考えられます。
　ここでやはり重要になるのが研究計画書です。その内容の深さが試験の合否を決めるといっても過言ではないでしょう。飛び級で受験する人の場合には、論理的に問題の所在や研究方法を的確に書いていくことが大変な作業になると思われますので、研究計画書の作成法などをしっかりと読んで書いてほしいと思います。

研究計画書の位置付け

本章では研究計画書とはどのようなものか、どう手を付けたらいいのかについて説明していきます。

§1 研究計画書とは

　0章で大学院や入試がどのようなものか理解してもらえたでしょうか？　本章からいよいよ、研究計画書の作成について説明していきたいと思います。

● 研究計画書とは
- 大学院入試のときに必ず提出する書類
- 入学後に自分が取り組みたい研究について記したもの
- 大学院入試の心臓部

● 研究計画書の比重が高い
- 筆記試験で問われる力だけでなく、研究能力、論理展開能力が問われる

● 試験官を納得させるレベルの研究計画書を書くことが必要
- しっかりとした構成が必要不可欠
- 受験する専攻あるいは研究科との関連性をもたせる
- 研究内容についての知識と創造性が求められる

　研究計画書は、大学院受験のときに必要とされる提出書類で、入学後に取り組みたい研究について記したものです。言うなれば、研究の青写真で、これがなければ航海図を持たないで航海に出るようなものです。研究の方向が定まらないですし、その研究が2年間で具体的に研究できるものなのか否かもはっきりしなくなります。

　求められる字数や書き方の形式は、大学院によって様々です。字数が指定される場合もされない場合もありますし、用紙が決まっている場合もあります。一般的には、1000字から2000字程度を指定されることが多いようです。

　研究計画書を決して単なる提出書類の一つなどとは考えてはいけません。むし

ろ、合否の決め手となるものなのです。特に社会人入試の場合、筆記試験の出来不出来よりも、研究計画書と面接で合否を判断する大学院が多くあります。しかも、面接は研究計画書に書かれた内容をもとに進められることが多いため、面接資料としても重視されます。

　たとえば、社会人入試で書類選考を行う大学院では、研究計画書の内容で合否が決まります。また、面接試験だけを行う大学院では、研究計画書をもとに面接試験が進められます。他方、一般入試あるいは筆記試験のある大学院では、筆記試験で受験生を絞り込み、研究計画書に基づいた面接で最終的に合否が決まります。

　したがって、試験官を納得させる、密度の濃い研究計画書を作成しなければなりません。そのためには、いきなり研究計画書を書くのではなく、まずはしっかりとした構成をつくり上げることが必要不可欠です。

§1　研究計画書とは　　**17**

§2 文章の作成と構成

0章で、"試験は手書き"、"筆記試験についてはとにかく手を動かすこと""自分の考えを述べる訓練はやはりしておくべき"と強調しました。論述の巧拙については本書では詳しくは扱いません。しかし、研究計画書の作成と重なる部分もあり筆記試験の参考にもなるので、少しだけ回り道をさせてください。

2-1 文章の作成

● 簡潔な文章を

新聞の社説を参考にしなさい、とよくいわれます。しかし、大学院入試やそれ以降の論文作成ではそれほど参考にはなりません。対象とする読み手が限られるので、既知の情報は引用に置き換え、様々な修辞法は避けます。極端なことを言えば、読み手はこれまでの研究は十分知っているので「何が新しいのか」だけを知りたいのです。

● 文体

・語尾は「だ・である」

相手に語って納得してもらうわけですから、強めの文体がいいのです。本書は幅広い層の読み手を想定していますので、やさしい文体でないと読んでくれません。しかし、論文や計画書の読み手は専門家なので余計な気遣いは必要ありません。下の逆三角形のイメージ図のように、強く、シンプルに主張しなければなりません。

2-2　文章の構成

　序論・本論・結論のように三部構成がいいでしょう。ただし、形式ばった書き方で「序論は〜」「本論は〜」というようなことを書くわけではありません。もっと単純に、始めは「〜について〜と考えた」、中盤から「なぜなら〜だからである」、最後に「したがって、〜は〜である」程度の書き方で構いません。現段階でこの点に特にこだわっていないのは、時間の制約があるからです。筆記試験の多くがだいたい1時間で800〜1200字の論述を課していますが、1時間でこの分量はよほど慣れていないと書くだけで精いっぱいです。ですから、始まりの段落、中盤の段落、最後の段落として、各段落の中で、大きな話（＝抽象的な話）から小さい話（具体的な話、結論めいた話）へと上から下へ縮めることによって論を展開するくらいでちょうどいいのではないかと考えています。

　そして、抽象的な難しいことを述べる—その説明をする—また難しいことを述べる—その説明をする、の繰り返しで文章全体を構成するのです。

　サンプルの文章を取り上げて説明してみます。

2-2-1　始まりの段落

抽象的な話・大きな話

　我々は普段から無意識に帰納法、演繹法を利用することによって行動する。

具体的説明

　特に、客観的な評価が要求される場面では帰納法が有効であり、経験的要素が要求される場面では演繹法が要求されると考える。

小さい結論

　つまり、片方だけで考え方が固定されるよりむしろ、当人自身がもつ課題や職業に左右されると考える。したがって、両者をうまく混合させて利用することが重要なのではないだろうか。

§2　文章の作成と構成　**19**

始まりの段落のイメージ図

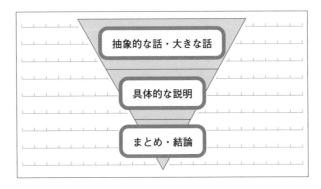

　先ほど出てきた逆三角形を思い出してください。一般的にいわれている（＝大きな）話から、なぜそういわれているのか具体的に説明して、この三角形のまとまりの文章での結論で終わらすというように、だんだんと狭めていくのです。

2-2-2　視点の転換

　言葉を変えて同じ構成を繰り返します。たとえば、繋ぎとして「また～の点から考えると」や「では～はどうだろうか？」という言葉を入れて、視点を変えて考えたり、「さらに～の点について考えてみる」と深堀りして考えたりしてみましょう。

一般論、大きな話

　また問いにあるように，単純なコスト・ベネフィットを考慮すると仮説や推論を元に行う帰納法的アプローチが現在では主流である。

具体例

　実際に心理学系ではほとんどの論文がサンプルを抽出し、統計的処理を行うというスタイルが古くから確立されている。あるいは経済学の分野では、計量経済の分野での統計学的アプローチが次第に経営や、会計の分野においても応用されるようになり、その多くが同様に実証研究のスタイルをとる。

これは、数値という客観的データを理論によって処理することに一定の妥当性があり、議論の余地が少ないという点では研究者にとって便利だからである。また限られた時間、費用という制約の中で一部を抜き出すことによって全体を推測し、仮説を検証することができる点でも有用なのである。

小さい結論

　以上の理由から帰納法的アプローチには事象を理解する上で重要な方法論であると言える。

視点の転換のイメージ図

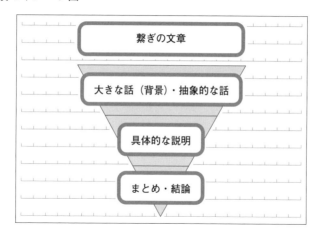

　800字程度の文章であればここで結論に移ってもいいでしょう。1200字程度が必要であれば、もう一つ視点を変えたり、深堀りをしたりしてもいいと思います。中盤の段落の中で片方を重点的に述べましたので、もう一方の重要性、メリットについて述べます。

視点の転換

　しかし、問いで指摘される将来を推測することはそもそも不確実なものであり、先行研究を踏まえた問題意識から得られた仮説であったり、業務上の経験か

ら得られた仮説であっても不確実性を完全になくすことは不可能である。そのような点で演繹法的アプローチの一種である事実調査を丹念に積み重ねて結論を導き出す方法は依然として重要であると考える。

具体例

コストの大きさというデメリットがあるものの現場担当者へのインタビュー調査や現地国訪問によって見聞きすることで法則を導き出すという、いわゆるケース・スタディは物語として一般にも受け入れられやすい。

小さい結論

したがって、演繹的アプローチにおいては特に研究分野では必ずしも主流ではなくなりつつある。しかし、数値データには現れない異常値として処理されるような事象が、むしろ重要な問題を含んでいたり、理論では説明しきれない現象は多々ある。これらを単に捨て去ることは大きな問題である。

2-2-3 結論

最後は最終的な結論部分です。イメージ図の三角形でいえば下の頂点にあたる部分です。ここでの構成は「これまで述べてきたことの要約」と「自分自身の意見—旗色を鮮明にする」という二構成で十分です。三角形の頂点は一つだけなので意見は一つだけです。

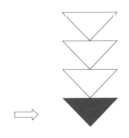

要約

　情報技術の発達によって膨大なデータの処理は簡単になり、利便性や生産性は向上した。その一方で容易で手軽なデータ処理は、瑣末な事実を等閑視することにもなる。このジレンマの解消にはどちらか一方だけに偏った思考方法でアプローチするのではなく、状況にあわせて利用することが重要となる。

意見・主張

　研究分野では基礎となる理論をヒントに、その周辺の先行研究を調査し、まとめることによって自身の中で問題意識が芽生える。それをヒントに仮説を立てて量的な検証をする必要が生じる。これに質的な研究を加える事によって検証結果を補完することができる。このように、両方のアプローチを互いに補完するものとして扱うことが必要であると考える。

　全ての文章がこれに当てはまるわけではありません。しかし、上の説明のように、一般的な事象、難しい話を投げかけて、それを説明する ⇒ 繋ぎの言葉⇒ …これを繰り返す、大きな話から小さな話をイメージする、このことを頭の中に描いて書いてみましょう。

● 主張は一つ

　注意してほしいのはこの事例の中での本当にオリジナルな意見は最後の段落の結論部分だけで、他の段落は誰かの意見を借りてきたにすぎません。つまり、文章に占める自身の意見を主張する割合はとても少ないのです。主張したいことは一つだけですから、分量も少なくていいのです。「意見を述べなさい」「論述しなさい」「主張しなさい」と問われても最終的には自分自身の意見を述べる割合は全体の10％くらいで、あとは様々な考えや事実の説明に費やします。言い換えればこの過程自体が自身の考え方＝意見、と捉えてもいいでしょう。特に課題文が長い場合は引用が中心になるので、独自の考えを論じる時間（この点については冒頭でも言いましたね）もスペースもありません。

　文章をどう書いていいかわからない場合、よくよく聞いてみると全てを自分の

§2　文章の作成と構成　**23**

意見で埋めなければならないと思い込んでいる方が多いようです。そのような心配はせずに、関連する理論、誰かの意見、出来事の学習とそれを書き出す練習に力を注いでください。

　これは次節の研究計画書の内容を見てもらえればわかりますし、2章でも触れます。我々の意見はこれまでの様々な事実や発見の積み重ねの上に成り立っていて、文章や研究計画書はその過程を示すことができればそれでいいのです。

§3 研究計画書への展開

　前節で文章の構成や展開の仕方を見てもらいました。大きな話から小さな話（結論）を一つのまとまりとして、繰り返し、最終的な結論へともっていくということを主張しました。もう一つのポイントは主張したいことはこれまでの発見、発明、先人たちの成果の上に成り立っていることを意識して、こういう考えもあり、ああいう考えもある、というように多様な考えを提示しながら自分の意見にたどり着くことです。

　たどり着く方法は図示したように上から下へ、紆余曲折しながらも目的地へ向かうことをイメージしてください。よく使われるテクニックとして、「なるほど～確かに～だが」というのも横道にそれることの一つです。あえて反対の意見も提示することで、多様な考えをもっているとアピールできる効果があります。あるいは、何かの説明のとき、メリットばかりを述べていては説得力がありません。同時にデメリットも提示することで、説得力が増すのです。

　そのような点で本筋から少し回り道をしたり、ずれたりすることが必要です。しかし、注意してもらいたいのはゴールは一つ、つまり主張したいことは最終的に一つだけであるということです。

　これは後に説明する一連の研究計画書の作成で重要な部分となります。

　研究計画書を作成するときも、図のように上から下へ、だんだん狭めます。明らかにしたいことは一つなので、話の筋は同じです。横道にそれても同じところ（言いたいこと）に戻りましょう。明らかにしたいことが複数あっては相手には伝わりません。矢は先が尖っているからこそ刺さります。

文章構成のイメージ図

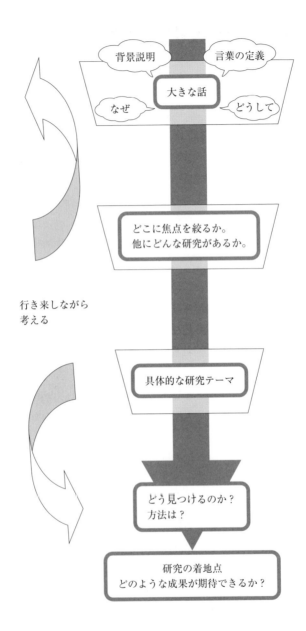

26　1章　研究計画書の位置付け

この図は、文章構成のイメージ図を具体的にしたものです。最初に提示した逆三角形のものと内容は少し細かくなっただけで同じものです。ここで回り道してもらった意図がわかってもらえたのではないかと思います。

研究計画書は研究の背景、目的、具体的な研究計画、研究方法、期待される成果で構成します。研究の背景には社会人であれば職務や社会人生活との、学生であれば卒業論文との繋がりを書きます。そこから、徐々に狭めていき問題意識についての説明やそれに関連する先行研究を入れます。次に、研究の目的を書きそれが明らかになるような研究方法を提示します。研究方法では、インタビューや実験を行う場合には、具体的にどのような施設で、どのような人を何人ぐらい対象にどのような方法で調査をするのかなども併せて説明しましょう。

順番どおりに考える必要は無く、常に行ったり来たりしながら、迷いながら考えるのです。この書き方については次節、および2章でも改めて解説します。

また、論文作成と違って注意してほしいのはあくまで計画書なので、結論は要らないということです。最後に期待される成果を書きますが、なくてもいいです。大学院によって多少の相違がありますが、ほぼこの様式で作成していくとよいでしょう。

以上の構成がしっかりとしていれば、面接で様々な質問をされても答える事ができるようになります。また、込み入った質問であっても一本の筋道（明らかにしたいこと、言いたいことは一つですよね）があるのでそこに立ち戻れば怖くありません。

あえて、計画書のゴールがどこなのかといえば、修士論文ということになります。5章で概要を説明しているので、ゴールを見てから作成したい方は先に5章を確認してみてください。

§3 研究計画書への展開　**27**

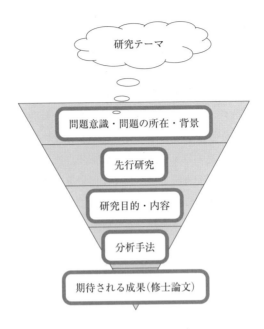

　これで文章構成から研究計画書がどのようなものなのか、理解できたかと思います。では、具体的に何を書いたらいいのでしょうか？　次節でその点について説明していきます。

§4 背景と問題意識

「〜を研究したい」「〜という問題があるから解決したい」というテーマがあったとして、何から手をつけたらいいでしょうか。どこからでもいいのですが、構成どおりに行くならまずは問題意識から考えましょう。

なぜ、その研究を行おうと考えたのか、研究の動機や問題意識をどうしてもつようになったのかを説明します。

指定された文字数が少なければ最初から背景として、社会情勢やなぜその事象が問題となってきたのかなどを論じましょう。

背景と問題意識は分けてもいいし、一緒にしても構いません。そこはあまりこだわらなくても大丈夫です。そのことを説明するのは難しいのですが、皆さんが問題意識をもつに至った過程は研究テーマの背景と重なります。分けるとすれば、たとえば問題意識の説明を個人的なものとして、背景をもっと大きな一般的なものと分けるといいかもしれません。

● 学生の場合
- 研究計画には繋がりが必要―研究テーマは、いきなり湧いたものではない。これまでの繋がりを説明する。
- 授業で学んだもの―卒業論文の延長、授業で習ったもの、サークルで行ったもの、アルバイトなどで経験し学んだもの。
- ボランティア活動、趣味、……

研究テーマは、急に降って湧いたものではないので、これまでの学習や学部で学んだり調べたりしたこととの繋がりを書く必要があります。繋がりには、授業で学んだこと、ゼミで研究をしてきたことなどがあるでしょう。

　ゼミで学習したこと、あるいは卒業論文の延長でテーマを考えてみましょう。新しいものを考えるのではなく、これまでやってきたことに、たとえばアルバイトなどで経験したことを加えてみます。

　たとえば、学部でマーケティングを専攻していて、コンビニエンス・ストアでバイトをしている場合、お客さんと接して現場をよく知っているわけですから、研究する意義やテーマの探しやすさは、そうでない人よりもずっと容易です。また、家庭教師や塾講師などの経験も教育系大学院を受験する場合、生徒を指導した際の困難な経験や苦労が現職の教師に匹敵するくらいの力をもつでしょう。

　これらの経験とそこにある問題点、疑問点、「なぜ、どうして」を文章にすると、それが背景となり問題意識となるのです。

● 社会人の場合
• 社会人経験から学んだもの―社会人の立場で何を研究テーマにするかは、自分の社会人経験を通じて学んだものから選ぶ。
• 職務外のこと―熱心に取り組んだものであればそれでも構わない。

　社会人だから、学生だからという区分けは研究や学問に必要ないのですが、専門職大学院向けとして少しだけ違いを説明します。

　社会人の場合、研究計画書のテーマは、職務で行ってきたものとの繋がりを書きますので、テーマも見つけやすいですし、分野に対する知見も深いので背景もすぐに埋まると思います。たとえば、人事部に所属していたら職場の効率のよい人材マネジメント、建築業に従事していれば美観を重視した都市設計などを取り上げることができるでしょう。生じている問題に対してそれをどのような方法で解決していくのかを探るというようにすれば、研究の方向性も定まりやすいです。

　これは仕事に関することだけでなくて、たとえば、高齢者の見守りのボランティアを行っているとすれば、都市コミュニティの機能の低下と高齢者の見守りのあり方がテーマになりえます。高齢者施設でアロマを使用したボランティアを行

っているとすれば、アロマが高齢者の心身に及ぼす影響の分析をテーマにすることもできます。このように、テーマと背景説明のネタは自分の生活のまわりに多くあります。

　テーマから背景や問題意識に対する考え方については2章でも説明します。また、実例を見たいという方は2章や5、6章に様々な分野の研究計画書を載せていますので確認してみてください。

§5 先行研究の調査

　ここから、研究の方向性は狭まっていきます。先生の中にはこれだけでいいという方もいます。つまり、個人的な動機は重要ではなく、どのような研究をするのかだけわかればいいというわけです。指定文字数が少ない場合はここからスタートでもいいでしょう。
　専門職大学院のように、提出書類が志望理由書のみの場合であっても、関連する研究や事例の紹介は多少は必要です。

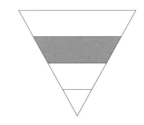

- 研究したい分野に関連した先行研究を集める
  - 賛成の立場の論文・反対の立場の論文をそれぞれ集める
  - どこまで研究が行われているかを見る

- 自身の研究テーマの位置付け

〔書き方の例〕
　　▼に関して、Aは××と述べる一方、Bは■■と述べている。
　　　　　　　　　　　　　　　　　（というように引用をする。）
　ここで、★★という問題が生じる、これに対してCは△△という視点からアプローチをし＊＊という結論を導いている。
　しかし、この問題に関して＃＃という視点からのアプローチは、まだない。
　そこで、本研究では、＃＃の視点からこの問題にアプローチをしていく。

● 先行研究を調査することの意義

・これまでの研究を手早くまとめることができて、研究の時間を短縮することができる。

・先行研究により問題の所在が明確にわかる。

・研究に先立って、見ておかなければならない論文をおさえることができる。

・研究計画書や面接試験で必要とされる論文を挙げているか否かで得点が変わってくる。

　研究テーマが決まったらテーマに関連した先行研究を集めてまとめることが必要です。その際、そのテーマにはどのような問題があるのか、問題の所在を探します。それに対して、賛成の立場の先行論文、反対の立場の先行論文を読み、賛成や反対の立場それぞれの論理をまとめます。その上で、現在どこまで研究が行われているのかを確認しましょう。なぜなら、既に誰かが行っている研究と同じことをやっても意味がないからです。

　また、先行研究を調査することによって、問題の所在が明確にわかり、研究に先立って見ておかなければならない論文をおさえることができます。さらに、先行研究の中で自分の主張と合うものを探し出し、その部分を引用することで自分の主張を代弁します。これによって自分の主張への信頼性が高まります。

　また、これまでの研究には賛成意見と反対意見がありますから、背景の途中で紹介するのもいいでしょう。たとえば、

　「▼▼に関して、Aは××と述べる一方で、Bは■■と述べている。」といった具合です。さらに続けて「ここで、★★という問題が生じている。これに対してCは△△という視点からアプローチをし※※という結論を出している。しかし、この問題に関して＃＃という視点からのアプローチはほとんど見当たらない。そこで、本研究では＃＃の視点からこの問題に関してアプローチをしていく。」

　このようなスタイルで先行研究をまとめていけばよいでしょう。

　実際の先行研究の探し方は2章でも触れていますし、実例でも確認できます。あるいは実際に論文を読んでみれば、研究者たちがどのように先行研究を利用して論を展開させているのかよくわかるはずです。

§5　先行研究の調査　**33**

§6 研究内容の説明

　研究内容は4章や6章の事例を見てもらえればわかるように、他の項目とは異なり分量は少なくてもいいのです。重要さは同じですが、背景や先行研究の説明のように長文ではなく、簡潔な文章で「それらを踏まえて何をするのか」を表明すれば十分です。先行研究の部分で何をすべきかはある程度、整理されているからです。ですから、残るのは先行研究を踏まえて「されていない研究」をどのようにして自分がやるかを説明することです。また、研究の中核になるので重要な部分でもあります。

- ● 研究目的は研究計画の心臓部
  - 研究の目的は「本研究では、〜を明らかにする。」「本研究では〜を検討する。」と述べる部分で、研究計画すべての心臓部である。
  - 研究計画書は研究の目的から書き進める。
  - 修士論文作成にあたっても研究の目的をたえず確認しながら進めていく。

- ● 研究の目的は仮説を立てるときに重要
  〔例〕テーマ：看護師のワーク・ライフバランス　の場合
  　【仮説】　　ワーク・ライフバランスが上手くとれていない看護師には離職者が多い。
  　【帰無仮説】ワーク・ライフバランスが上手くとれている看護師ととれていない看護師では離職者に差がない、として統計検定をする。

当然、研究内容の説明は研究における一番大切な部分で心臓部にあたります。「本研究では、〜を明らかにする。」「本研究では、〜を検討する。」と書きます。

　また、研究内容では仮説を書いてもいいでしょう。たとえば、看護師のワーク・ライフバランスを見るのであれば、「ワーク・ライフバランスが上手くとれていない看護師には離職者が多い。」という仮説を立て、帰無仮説を「ワーク・ライフバランスが上手くとれている看護師ととれていない看護師では離職者に差がない」として、質問紙およびその結果を統計的に検定をして分析します。このように目的を決め仮説を立てそれを統計的、資料的に証明していくことが研究のキーになります。

§7 研究方法

ここまで来ればあと少しです。「何を」の説明ができたら、あとは「どうやって」を説明します。

7-1 研究の型

①現実分析型
- 分析をするには、量的アプローチあるいは質的アプローチの2通りがある。

②改革・提案型
- 現状の制度や政策で生じている問題点を挙げる。
- 海外で行われている方法や制度、政策があれば日本に導入した場合にどのようになるかを考える。

③理論検討型
- 似た理論を比較・検討する。
- 理論に影響を及ぼした先駆的な理論を評価する。
- 理論が現状に適合するか否かを検討する。
- 既存の理論に検討をしたり、工夫を加えたりする。

研究の手法として、現実分析型、改革・提言型、理論検討型の三つを紹介します。研究する対象によって、手法も変わるのです。

7-1-1　現実分析型

　一つめの分析型は、対象を調べてテーマに対する答えを明らかにするという研究です。まず、集めたデータについて統計処理を行う量的研究があります。尺度に応じて相関関係や因子分析、分散分析、重回帰分析、t 検定などの統計手法を用いて進めていくものです。そのほかに質的研究として、ケーススタディなども あります。この分析は、先行研究における理論モデルがあるので、それに当てはめて参与観察やインタビューを行い、その結果から事象の根底に何があるのか、数値だけで測定することができない新しいものや隠されているものを明らかにするものです。目的は量的研究とだいたい同じですが、たどり着くための手順が異なります。後者は数値をそれほど用いないのですが、前者の量的研究に触れるのが初めての方は戸惑う方が多いです。本書では3、4章で重点的に統計の基礎から説明していますので、安心してください。

7-1-2　改革・提案型

　二つめの改革・提案型は、財政政策、経済政策、税法、社会政策などで用いるもので、現状の制度・政策等で生じている問題点を取り上げ、その問題の生じている背景を考えながら改善策を提言していくものです。理想追究型といい換えてもいいかもしれません。

　たとえば、ある税制度が不明確であるために日本で問題が生じているとします。一方、海外でその制度に関してはっきりとした制度が成立している場合、制度を吟味し日本に導入したとき、どのように受け入れられるかを検討し提言していく研究がこれにあたります。その際、国内へ導入した場合にどのような問題が生じるか考察し、日本へ導入する場合にはその制度をどのように修正・改良するかを付け加えることもあります。

7-1-3　理論検討型

　三つめは、理論検討型でデータを用いない研究に多く見られます。類似した理論を比較検討したり、ある理論に影響を及ぼした先駆的な理論を探し出したりす

る場合に用いられます。また、既にある理論が現状に適合するか否かを検討する場合や、工夫を加えて視点を変えた理論をつくり出す場合にも、この型に含まれると考えていいでしょう。

● 本章以降について

　ここまでテーマ設定から、研究手法までを見てきました。研究手法の改革・提案型や理論検討型については説明が長くなるので紹介程度で済ませ別の機会に譲りたいと思います。気になる方は6章や7章で実例を通して確認してみてください。本書では多用される分析型を中心に、2〜6章にわたって説明しています。また分析の核となる統計分析については3〜5章で、具体的な使用例については実際の修士論文を例に取り上げて5章で説明しています。

補足 ― 志望理由書

　研究計画書とは別に志望理由書を提出することもあります。また、専門職大学院には、提出するのは志望理由書のみでよいというところもあります。後半にある具体例と照らし合わせながら参考にしてみてください。

● 志望理由書
- ・志望動機
- ・問題意識
- ・入学後の学習
- ・卒業後の進路
- ・目的
- ・入学後の希望
- ・志望校決定の理由
- ・抱負

　などで構成

- ・「志望動機」には、社会人であれば職務との繋がり、学生であれば授業やゼミとの繋がりを書くとよい。
- ・「目的」には研究計画書の目的と受験校志望の理由を書く。
- ・「問題意識」には研究しようとしているテーマの問題の所在を書く。

　志望理由書は、入学後の学習や研究のプランを書いたものです。志望動機や入学後に学習したいこと、志望校決定の理由、卒業後の進路や抱負で構成します。研究計画書と構成はだいたい同じです。

　「志望動機」には、なぜ、大学院に進学をするのかといった具体的な動機を書きます。たとえば、社会人であれば職務や社会人経験との繋がり、学生であれば授業やゼミとの繋がりを述べます。

　「入学後の学習」には、履修したい科目およびその科目で何を学ぶのかを述べます。

　「志望校決定の理由」には、志望校決定の理由をいくつか書きます。たとえば、
・カリキュラムが合っている
・説明会で好印象だった
・学校の掲げる方針が印象的だった
というような特徴を挙げて、なぜその学校を志望したのかを説明しましょう。

最後の「卒業後の進路・抱負」には、大学院で研究を行った成果を生かした職業や企業内での活躍の抱負を述べます。

　以上が志望理由書の書き方です。大学院の志望理由書は2章でも取り上げています。具体例はあえて、他学部からの志望という場合のものを示しました。研究に一貫性が問われるとはいいましたが、それに当てはまらない場合もあります。でも大丈夫です。イメージ図を思い出してください。スタート地点の動機や、やりたいことが明確であればそれに基づいて論を構成すればいいのです。

〔具体例〕

> 　私は○○大学で社会学部社会教育専攻に在籍し、教職・資格科目を学んでいる。社会学部に入学したのは、中学や高校で地理の教師になりたかったからである。しかし、一年次で必修だった参観実習に行き、教育外での教師の業務の多さ、生徒との関係づくりの難しさなどを感じたと同時に、本当に教師が自身のなりたいものなのか、キャリアについて考えるきっかけとなった。
>
> 　将来のキャリアを見直そうとしたとき、叔父が企業の経営者である関係から、ビジネスというものを改めて考えてみた。小さい頃に簡単な仕事を手伝ったこともありビジネスを身近に感じてきた。そのためビジネスとは何か、つまり人・モノ・金の動きについて詳しく知り、学びたいと思った。
>
> 　特に、私は文具業界に関心がある。たとえば、P社のフリクションにはとても衝撃を受けた。インクが消えることで修正液や修正テープの必要が無くなる。ペンは単品では消せないものであったが、フリクションの登場で修正液も消しゴムもいらず、持ち運びにも大変便利になった。文房具マーケットはあまり成長性が無いように見えても、未だ成長があり、構造を変えるイノベーションを起こせることに強い印象を受けた。
>
> 　入学できれば、消費者行動論やマーケティング論で消費者のニーズの構造を学び、マーケティング・リサーチで市場での消費者

40　　1章　研究計画書の位置付け

の動向を探る手法を学びたい。さらに、文房具のような成長余地の少ない業界において、どのようにしてイノベーションを創出し、競争優位を築いていくのかについて学習したい。

　○○大学経済学部志望の理由は、第一に自身の関心のあるマーケティングを勉強できる点、第二に社会を取り巻く人・モノ・金の流れを体系的に学べる点である。卒業後は、貴校で培った専門知識と研究法を生かし、文房具の企業で時代の進展とともに変わる人々のニーズに応えられる文房具を開発したいと考えている。

研究計画書の作成

本章では研究テーマの見つけ方や考え方について説明をしていきます。

§1 面接のための研究計画書

　大学院入試（編入学試験の一部も含む）は面接の比重が高く、筆記試験である程度ふるい落とされ、「面接で勝負」となります。大学受験とは異なり、知識を積み重ねた学力だけで受かるというものではありません。むしろ新しいことを発見する研究能力や専門性が必要とされるのですが、そのような力を獲得したり磨いたりする機会はそれほどありません。そこで、本章では研究する上での必要な考え方—実際にどうテーマを見つけるのか。研究という形にどう落とし込むのか。どのように問題を明らかにするのか—について、簡単なテクニックを説明します。

　さっそく1章で説明した構成を思い出してみましょう。取り組みたいテーマが頭の中にあったら、それを徐々に明確化して余計なものをそぎ落としていくものでした。最終ゴールは現時点での計画であって、何か結論を導き出す必要はありません。その代わりに自分の研究構想を面接官にぶつけて納得してもらうのです。これが皆さんの当面のゴールとなるでしょう。

では、大学院入試の面接では一体何を聞かれるのでしょうか。ゴールが〔　〕ものなのか、知っておけばこれからどうすればいいのかイメージできると思います。次のリストは筆者が以前書いた、面接にあたってのメモ書きからの抜粋です。みなさんの今後の面接対策にも役に立つと思います。

面接リスト

主に聞かれること

・自己紹介（2〜3分）

　大学時代での専攻、学習内容から現在に至るキャリアを説明する。仕事内容を話す際、社内やまわりの人にだけ通じる言葉—カタカナ英語や短縮語、専門用語—はなるべく避ける。

・志望理由（2分〜）

　なぜ大学院進学を決意したのか、なぜ昔でもなく今後でもなく「今」なのか、なぜその大学なのか、という点について書類をもとに説明する。

・入学後の研究テーマ、中心としたい学習の概要（2分〜）

　提出した書類をもとに、簡潔に説明する。書き足りなかった点は付け足して説明する。

・卒業後のキャリアプラン（1〜2分）

　提出した書類をもとに、簡潔に説明する。「博士課程に進学したい」とは言わないほうが良い（その能力があるかという観点でも見られるので、評価が厳しめになる）。社会人経験のある場合、これまでのキャリアの延長として具体的にポジション名を挙げつつ説明する。

・仕事との両立（1〜2分）

　立地、業務内容、現在の地位から可能であることを説明する。

§1　面接のための研究計画書　**45**

● ポイント・注意点

- 面接時間は約 10 分から 20 分程度。1 時間や 40 分使う大学院もあるが稀である。

- しつこい質問や圧迫的な質問、雰囲気が悪く感じられる場合はむしろ興味をもたれているともいえる。2 対 1、3 対 1 で、おおむね研究テーマに関連する先生が主となって質問してくる。圧迫面接の場合は質問役となだめ役に分かれることが多い。

- 面接が得意という人はあまりいない。それにも関わらず、軽視する人が多い。書類で判断されていると思いがちだが、大学院はディスカッションが多く、先生との距離が近いので、「話せる」人、「自分で研究を進められる」人がほしい。そのための確認をするのが面接である。

- シナリオを事前につくるのはいいが、一字一句覚えて話そうとするのには限界がある。キーワードで覚え、アドリブでつなげること。

- わからないことを聞かれたら、「入学後に勉強します」ではなく、「今から勉強します」と答えるべき。

- 頭の中だけでシミュレーションしても足りない。必ず声に出さないと意味がない。できれば聞き手がいる状況を用意し、研究計画書に関する質問を何でもいいので出してもらい質疑応答の練習をする。

- 礼儀や形式に厳しい面接官は意外といる。「批判に対して批判で答える」等、口癖、余計なひと言、言い争いには注意しよう。実際に、室内でコートを脱ぐ、脱がないでもめて落とされた人がいる。

- 面接時間を長く設定している大学院では、専門用語について説明を求めたり、短めの英文を訳させたりすることもある。

- 即答が好ましいが、人それぞれ。沈黙があっても構わない。

- 控室で待たされる時間が長いことも考慮して臨む。

- 緊張には練習で対応しよう。極端にいえば、パニック状態でも話せるくらいが

46 2章 研究計画書の作成

ベスト。緊張するのは当たり前である。稀に緊張しないという人がいるが、実は結果はあまり芳しくない。ある程度、緊張しましょう。

- 全ての質問に対して論理的に答えることが理想である。しかし、時には訳のわからないこと、勢いだけでまくし立てて、ごまかすことも必要。

　上記のような質問を、少なくとも 15〜20 分程度、いろいろと聞かれ、一緒に研究をやっていけそうか、論文がしっかりと書けそうか、などを判断されるのです。なんとなくゴール地点は想像できたと思います。面接やプレゼンに慣れていればいいのですが……。そういった訓練や教育を受ける機会はあまりないですよね。私も苦手です。

　そこで、いつも私が言うのは「提出書類の作成から始めましょう」ということです。問題意識、研究目的、方法までの論旨が一貫していれば多少コミュニケーションに難があっても大丈夫です。また作成過程で調べたり、書いたりしていけば自然と筆記試験の対策にもなるので一石二鳥です。

　筆記試験も重要ですし、専門分野の知識を深めることも重要です。しかし、大学院に進みたいのであればそれだけでは不十分で、面接とそのもとにある研究計画書作成も重要なのです。本当は実際にお会いしていろいろと議論しながら、あれがダメならこれ、これがダメだったらこっち、ということができればいいのですが。そこで、これまで伝えてきたコツやテクニックなどをこれから説明します。目的は面接に耐えうる研究計画書作成です。

§2 テーマ設定 ─ 何を明らかにするのか？

1章では研究計画書の構成のうち、はじめに問題意識や背景を書くように説明しました。しかし、何をしたいのか、テーマはぼんやりとしているが、そこからどうしたらいいかわからない、という人が多いのではないでしょうか。結論からいえば、わからないから研究するのですからわからなくていいのです。当然、スタートはぼんやりとしたものでいいですし、そもそもタイトルやテーマは最後に考えてもいいのです。はじめのうちは、仮のテーマにしておき、徐々に狭めて明確化していくようにしましょう。

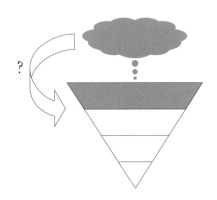

まったく新しい、別のことを考える必要はありません。たとえば、今まで製造業にいたのに、別の対象について研究をしたいという思いがあったとして、どう相手を説得するのでしょうか。それが何のための研究なのか説得力がない場合はなるべく、自身のキャリアの延長であるとか、卒論の延長線上でまずは考えるべきです。研究する動機は何なのか？　面接のときに、様々な角度から質問されるので、研究対象となる分野に詳しいことが必要となります。自分のよく知った分野で戦うほうが断然有利です。

まずは、自分自身がよく知っている仕事（あるいはゼミでの研究）から対象を選びましょう。学問における文章は、論理性・一貫性が強く求められます。一貫

性が無いと、「なぜ、何、どうして」という質問に答えられなくなるからです。

このようにいうと、「自分はただ業務をこなしてきただけで特に書くことがない」と答える人が多いのですが、そのようなことはありません。それは単なる思い込みであって、他人から見ればまったく異なる世界で仕事や経験を積んでいるはずです。

では、これまでの経歴を時系列で書いてみましょう。

19××年　■社入社　△部

営業部に所属。主に東京都下にて、法人顧客を担当。製品納入及び、新製品の紹介。

20××年　■社　△部
営業成績が認められ、部下を任せられる。
チームリーダーとして、関東エリアの新規顧客開拓。
新人の教育にも携わることで自身を客観的な視点で捉えることができるようになった。

20××年　◆社　転職
既に転職していた先輩からの誘いで、希望であったリサーチ業務へと転職。
これまでの経験を活かし、マーケティングリサーチ業務に従事。

「～をした」だけでなく、
　・なぜそうしたのか
　・そこから得られた知識や獲得した技術や経験
もふまえて書きましょう。

§2　テーマ設定―何を明らかにするのか？　**49**

● 何のための研究か？

　これまでの経歴ができ上がったら、卒業後の進路も加えて考えてみてください。大学院へ進学し、研究を行い、修士論文を作成して、それを実際にどのように活かすのでしょうか？

　特に専門職大学院の場合は、高度な専門能力を備えた職業人の場であることを謳っています。単純に研究したいから、興味があるからでは動機としては薄いのです。また専門職大学院の多くは志望理由書や卒業後の進路の提出が必須となっています。提出書類は当然、一緒に提出するわけですから研究計画書とリンクした内容の志望理由書を作成しなければなりません。どちらを先に作っても良いのですが、一貫した内容が必要です。

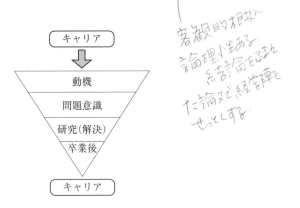

　このようなイメージで書くことを心がけてください。書類提出が必要でなくても、面接で聞かれます。あらかじめ言葉で記しておけば応答することができるようになります。

　また、動機からキャリア計画までを見通したしっかりとした内容であれば、予想していなかった質問や、「なぜ」「何を？」を繰り返す圧迫面接であっても、そこに立ち戻って答えることができるのです。

　では、志望理由書の実例を見ていきましょう。

2-1　実例①

　実例①を読んでみると、流れが先ほどの

　　キャリア→動機→問題意識→研究（解決）→卒業後→キャリア

になっているのがわかります。大学生であれば、ゼミや授業で学んだこと、あるいはバイトでの経験を動機や問題意識と置き換えます。とにかく、スタートからゴールまで一貫した流れをつくってください。

「クロスメディアマーケティングによる価値創造」

志望理由

　私は広告会社の代表としてクライアント企業に対しての企画提案を行い、広告物を制作することを主業務としている。そのため広告の現場で活用できる論理的なマーケティング戦略について研究を行いたいと考えている。

　この分野は現在の業務に直結し、自身のビジネスを更に向上させるものであり、更なる知識習得は今後の広告業務を継続する上で欠かせない。広告媒体の特性が多様化する現在において、複数のメディアを効率よく活用するクロスメディアの手法が主流となりつつある。その中でも特にオンラインを含むクロスメディアの広告戦略と、ブランド構築についての研究を深めたい。具体的には企業が新しいブランドを開発し、市場に投入する、または外国企業が日本に進出する際に、広告を通じてどのように顧客にブランドを認知させ、ブランド価値向上を図るべきかを分析する予定である。

学習したい内容

　分析ではブランド・レゾナンス─顧客が当該ブランドに同調し、心理的に強い絆を有している状態（恩蔵，2007）─について注目したい。絆を高めた顧客は無給販売員となり、その周囲にロコ

---

§2　テーマ設定─何を明らかにするのか？　**51**

ミで評価を拡げるのである（Kotler, 2003）。このように顧客の関与を高めることで、ブランドを浸透させ、購買意思決定に繋げることが可能となるのである。

　具体的な分析方法は以下のように行う。新しい製品やサービスが市場に投入された際の、広告プロモーション、顧客のブランドへの同調までのプロセスのケーススタディを行う。具体的には、ITがハブ・メディアとしての中心的な役割を持つ、いくつかの媒体を連動させたクロスメディアの事例を取り上げたい。これらの分析をもとに、企業のプロモーションの意図を解析し、製品・サービスとの親和性を明らかにする。また、プロモーションの結果、消費者に対しどのような印象を与え、ブランド認知に寄与したのかを計量的にも明らかにする予定である。上記の手法を通して、クロスメディアを通した購買意思決定における広告のブランディングについて研究を行う。

卒業後のキャリアプラン

　貴研究科で自身の研究テーマを深め修了した後、研究成果を実務で活かし自社のさらなる発展へと繋げたい。提供する広告媒体を拡充し、クロスメディア戦略の企画提案など業務拡大を行う。また自社サービスのグローバル展開や、外資企業を含む広告クライアントの更なる拡張を念頭に、売上の拡大を目標としたい。その目標の実現のため、マーケティング戦略の立案において競争優位を高め、組織の代表としてのリーダーシップを発揮したい。貴研究科で得られた知見は、社内のスタッフにも還元し、自社の活性化に繋げていくつもりである。

参考文献

恩蔵直人（2007）"コモディティ市場のマーケティング論理"

Philip Kotler（2003）"Marketing Insights from A to Z：
　80 Consepts Every Manager Needs to Know" 恩蔵直人
　監訳/大川修二訳「コトラーのコンセプト」

2-2 実例②

　もう一つの実例②は学生が書いたものです。要求された文字数が多いので長いです。そのため内容は多少冗長に感じられますが、学部時代に注力した学習内容がよくわかります。またそれを踏まえたうえでの卒論、そしてそこから得られた今後の課題、という一連の流れがしっかり表現できています。参考にしてみてください。

　　私は、1年時より研究室に所属していたこともあり、多くの企業や地域に足を運び、現場の方々にたくさんのお話を伺う機会に恵まれた。

　　なかでも、地域の活性化に関しては、「地域再生・活性化の担い手育成教育」として平成20年度文科省「質の高い大学教育推進プログラム（教育 GP）」の採択を受けて始まった地域再生プロジェクトへ繰り返し参加したことが大変貴重な経験となった。このプロジェクトは、○○を訪れ、日中は荒廃農地の再生、特産物の生産、森林資源の維持と活用、伝統文化の再生などの実習を行い、それを通して感じたことをノートにまとめ、夕食後にワークショップを行うというものである。このワークショップは実習中毎日行われ、参加者がいくつかのグループに分かれてその日の実習を踏まえた地域の再生・活性化に関する意見や感想を出し合い、それらをまとめて最終日に発表会が開催される。このワークショップでは、地域の再生・活性化に対して大学院生や先生方、町役場や観光協会、地域の団体の方々と真剣に議論が行われる。その中で、衰退する地域の再生には行政による支援が不可欠であると再認識し、また、その支援は、従来の産業保護政策ではなく、地域の産業を育て、その持続的・独立的な発展を促す政策が重要であることも学んだ。

　　また、私が3年時に取り組んだ研究室活動のテーマは「地域ブ

§2　テーマ設定─何を明らかにするのか？　　**53**

ランド農産物産地の再生と行政対応」であり、農産物認証制度を事例に、衰退する産地における行政の対応が、産地の復興に寄与するか否かを考察した。この背景には、安価な輸入農産物の増加や地域の疲弊に影響された国内農産物産地の衰退がある。比較劣位にある我が国の農業分野では、企業や産地といった単独での対応には限界があり、衰退しつつある地場産業を保護し、地域経済を維持・発展させるためには行政の支援が不可欠となっている。こうした問題意識の下、同制度に注目すると、国による保護的な政策ではなく、条例を利用した地域独自の産業振興策によって他商品との差別化を明確にし、原料及びワインの産地としての復興を目的とする仕組みであり、世界的な枠組みの中で自由貿易が推進されるなかにおいて特筆すべき行政の対応と考えられる。しかし、考察の結果、この制度によって保証される価値は、一定の評価はされるものの、消費者ニーズとそれほど強く合致していないため、産地の復興に寄与する効果は薄いと言わざるを得ないことが明らかになった。以上の研究から得られた示唆は、同じ目的に向かっているにも拘わらず、行政とビジネスとの乖離である。これを問題意識として研究を進めたいと考えている。

§3 先行研究の調査

次は先行研究の部分です。少しずつ研究の方向性を狭めていきます。

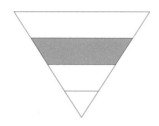

　問題意識や志望理由が明確になったら関連する研究の下地として何をしたいのか、まずはアイデアをいくつか考えましょう。

　アイデア出しで出てきたキーワードを一つずつチェックしましょう。なぜ、何を、どうして、を繰り返しながら、アイデアのチェックと整理を行います。今まで、いろいろと書いてもらった文章を見て感じるのは、たとえば「〜をして〜であった」というように説明だけに終始して、「それが研究としてどのような位置づけにあるのか？」という点や、さらに深く突っ込んで考え、「別の角度で見た場合どうであるか？」ということがあまり考慮されない場合が多いことです。一つのことだけ思いついてそれだけに絞り込んで研究をすると、単調な内容になり、あとで修正を行おうとしても難しくなります。

　また、作成する書類は通常はA4サイズ1枚程度、多くても4〜5枚くらいなので、こういうものは短期で仕上げて、苦労せずに終わらせようというバイアスが誰にもあります。しかし、そういったものは、その程度のつまらない内容になります。そのため、書類審査で落とされるか、面接で満足な受け答えができずに終わります。四六時中考えろとはいいませんが、ちょっとで構わないのであれやこれやと考えてみましょう。

§3　先行研究の調査　　**55**

3-1 ネット検索と入門書を手掛かりに

一番良いのは、入門書（基本書）にあたってみることです。自分がやりたいことがどの論に近いのかがわかるはずです。しかし、昨今の研究は細分化されており、多くの「〜論」が存在するため、イマイチわかりません。したがって、大学1〜2年で扱われるような内容を、包括的にまんべんなく書かれている入門書を読んでみることをお薦めします。

ただし、「入門書」と銘打っていても中身が筆者の研究分野に偏っていたり、入門レベルではなく上級レベルの内容だったりすることが多いので、たとえばレビューなどを参考にして慎重に選んでください。

この時点で、少しずつ専門家が書いた研究論文（大学の紀要や学会誌に掲載されるもの）を読んでみるといいかもしれません。あるいは、大学生が書いた卒論やゼミの発表程度のものでもいいでしょう。基本的に現状の研究レベルでは、我々が思いつくことのほぼ全ては誰かが、既に似たようなことを研究しています。論文のサマリー（要約文）だけでよいので、確認し、自分のやりたい領域で現在どのような研究がされているかを分析します。それができたら、論文の文末にある参考文献リストに目を通します。今でこそネットの発達によって文献収集が容易になりましたが、昔はかび臭い大学の書庫に赴いて、目当ての論文を探し、制限された状況でコピーをして……を繰り返して参考文献を集めていました。目当ての論文が所蔵されていなければ、司書の方に頼んで他大学へコピーをお願いする等、非常に面倒な作業をしていました。つまり、その分だけ参考文献の項目は非常に重要な価値があるのです。参考文献を見れば、研究者がどのような論文を読んでいるかがわかります。いくつか見れば気づくと思いますが、いつも引用されている、かぶっている論文があることがわかるでしょう。引用される回数が多いということは、それだけ評価の高い論文であることを意味します。できればそういった文献を探してみましょう。

あなたが学生であれば、大学が契約している論文データベースが図書館や資料室に必ずありますので利用してください。そうでない場合はネットで検索できる範囲で構わないのです。たとえば、Google scholar という Google の論文検索専用エンジンがあります。

ざっとでいいのでいくつか読むと、何が研究されていないのか、どこがフロン

56 2章 研究計画書の作成

ティアであるのかがわかります。また、文献を読んでまとめるという行為はそのこと自体が小論文を書く練習になります。

　Google scholar のトップ画面には「巨人の肩の上に立つ」という言葉があります。この言葉の意味は、今ある研究は「巨人＝先人」のおかげであり、彼らの様々な成果の上に成り立つということです。

　「研究がどうあるべきか」ということを言いたいのではなく、テクニックとして巨人の肩に上って彼らの力を借りれば、何をすべきかが、効率的にわかるわけです。

　そして、巨人の肩に乗って実はもっと力を借りることができます。先行研究を取りまとめたサーベイ論文というものがあります。これはある分野でこんな研究がされてきて、現時点でここまで進んでいる、というのを調べた論文のことです。そのような論文を見つければ、取り組もうとしている分野での研究課題が探しやすくなります。

3-2　白書を利用する

　さらに、もう一つのテクニックとして官公庁が出す統計資料や文章、特に「○○白書」に注目することです。意外と多くの人が、「つまらなくて面白くない」「長いだけ」という印象をもっていて避けるのですが、そういうものばかりではないですし、その分野の専門家にとってはとても重要なものです。

　また、文章は平易でわかりやすく書かれており、多くの国民に伝えようという意識が見てとれます。しかも、官公庁は情報が集中するシンクタンクですので、今、何が問題でどのような論点があるのかを網羅してくれています。

たとえば、あなたが不動産市場についての研究がしたいと思ったら、不動産の所管官庁である国土交通省のサイトを見てみましょう。どの官公庁もそうですが、統計情報・白書のリンクがあります。そうすると、関連性が高そうな土地白書が見つかります。

　目次をざっと見るだけで土地・不動産に関してありとあらゆる最新の動向、政策、今後の課題が網羅されているのがわかります。当然、不動産市場の現状や問題点についていろいろと書いてあるのがわかります。
　このように、白書を見れば、テーマが発見できたり、先行研究を知ることができたり、背景の説明として引用することができたりします。迷ったら白書を見ましょう。

第4節　土地に関する登記制度の整備 ················ 138
第3章　地価動向等の的確な把握等 ···················· 139
　第1節　地価公示等の推進 ························ 139
　第2節　不動産取引価格情報の提供 ················ 139
　第3節　不動産価格指数の整備 ···················· 139
　第4節　不動産鑑定評価の充実 ···················· 141
　第5節　公的土地評価の均衡化・適正化 ············ 141
第4章　不動産市場の整備等 ························ 142
　第1節　不動産取引市場の整備等 ················ 142
　　1　宅地建物取引業法の的確な運用と宅地建物取引主任者の名称変更
　　2　不動産流通市場の整備・活性化
　　3　不動産特定共同事業の推進
　　4　土地取引規制制度の適切な運用
　　5　環境不動産の普及・供給促進
　　6　土地取引に関わる土壌汚染関連情報の提供
　第2節　不動産投資市場の整備 ···················· 145
　第3節　土地税制における対応 ···················· 145
　第4節　不動産市場における国際展開支援 ·········· 145
第5章　土地利用計画の整備・充実等 ················ 147
　第1節　土地利用計画の推進 ······················ 147
　　1　国土利用計画
　　2　土地利用基本計画等
　第2節　都市計画における適正な土地利用の推進 ···· 147
　第3節　国土政策との連携 ························ 148
　　1　国土形成計画の推進

§3　先行研究の調査　**59**

§4 目的の設定

　研究の中心となる部分です。「研究内容」として詳しく書いてもいいし、「研究目的」として短めに書いてもいいです。しかし、なるべく先行研究に基づいて詳細に研究の方向性を論じてから、「目的」として短く2〜3行程度の文章にまとめると、後の面接で答えやすくなります。研究テーマやタイトルを少しだけ詳しく説明したものと理解しておいても間違いではないでしょう。この点は4章や6章の実例で確認できます。

　ここまできたら、自分の興味のある分野が何で、そこでどういった研究がされているかがわかってきたと思います。
　最終的に研究することは一つです。先ほどは、考えないまま手っ取り早いものを一つ選ぶのは良くないといいましたが、よく考えたうえでの一つと、考えないで決めた一つでは大きく違います。あれも、これもと考え、「だいたいこんなことをやります」では読み手としては何もわかりません。一貫性を忘れないでください。動機とこれからの卒業後の進路やキャリアとの関連性に注意しましょう。
　問題意識や一貫性があること、「研究テーマは一つである」という点を踏まえてさえいれば、自然と研究の具体的な方向性も定まるはずです。

4-1 「今後の課題」からヒントを得る

たとえば、「これは」と思った研究者の論文の最後に注目してみましょう。必ず、「今後の課題」が書かれています。つまり、研究はあくまで連続の過程であり、完成されたものではないのです。賛否あるところですが、論文の作法として論文の未完成な部分を明らかにすることが慣例となっています。逆にいえば、これを利用することで研究へのヒントを掴むことができるということです。あるいは、今後の課題をテーマとして設定してもいいかもしれません。

自分自身の直感と、これからの目的（卒業後）に基づいた内容に正否はありません。そこにある種の一貫性、つまり論理性があれば問題は無いのです。

ただし、進学を希望する大学院の先生がその領域に詳しくない場合もあります。ネット検索を駆使して先生のこれまでの研究テーマを少なくとも、チェックする必要があります。

また、この時点で絞ることが難しいこともありえます。前述したように関連する論文を読むことを同時並行で行ってみてください。その際、必ず頭の中だけで考えるのではなく、文字として書き留めてください。

4-2 重箱の隅をつつく

テクニックとして、重箱の隅をつつく、少しだけ他人の研究に何かを加えるというものがあります。これは研究者がよくやる手法です。たとえば、先行研究では男女別に分析していたものを、年齢で分けて検証するというように、異なった研究に仕立てる方法です。いろいろと調べると多くのテーマが研究し尽くされていて、なかなかオリジナリティのある研究というものはできません。したがって、どうしても似たような研究になってしまうのです。

実際に、これまで作成のお手伝いをしてきた研究計画の多くは、既存研究に色をつけたようなものが多かったといえます。方法を変える、対象を変える、先行研究を充実させて書く……というやり方です。研究は連続的なもの ─ 過去の研究を基にして今の研究がありえるのです。しかし、繰り返しますが、始めから「重箱の隅」戦略を採るのと、いろいろと吟味したうえでの「重箱の隅」戦略は全く違います。思考に深さと重みが無いので簡単に見透かされるでしょう。

§4 目的の設定 **61**

研究テーマの設定ができるまで、多くの時間がかかるかもしれません。とにかく頭の中で考えるだけでなく、それを声に出して具体化して、できればそれを他者に話してみてリアクションを確かめるということをしてみましょう。

　特に、「どうして？」を私は繰り返すことが多いかもしれません。たとえば、ある人との会話の中で、「世間が〜だから〜だ」「普通は〜だから〜だ」という答えに対して、「あなたの考える世間とは？」「普通とは？」を繰り返し質問することで、嫌がられたり、怒られたりすることがあります。当人にとっては手っ取り早く先に進みたいのでそういう気持ちになるのもわかります。一般論というものは存在しますが、研究は世間や普通という概念をあえて無視しないとやっていけない面があります。

　研究計画書ですから、そこまでのレベルは要求されません。しかし、少なくとも「研究」の発端になるものを作成するからには、他人があまりやらないことをやることが必要なのです。たくさん悩んでください。

　たくさんの情報を集めて、一つひとつ吟味して、ふるいにかけて、精製すればいいものができ上がります。

62　　2章　研究計画書の作成

03

分析方法
～統計について～

　本章では統計を初めて学ぶ方のために、実際の研究で必要とされる統計の概念について説明をします。ある程度統計を学習した方や、先に分析方法や実例を見たいという方は本章を飛ばして、4章に進んでも構いません。

§1 統計手法

　研究テーマが決まり、先行研究のまとめが終わったら、次はそれをどのようにして明らかにしていくかがポイントとなります。対象者にインタビューを行いまとめた、もしくはアンケートをとって、データとしてまとめた。その中から、インプリケーションを見つけ出し結論とする。このような方法を質的アプローチと呼びます。ただし、質的アプローチは分析者の主観によって情報を選別したり、文字だけの論理構成になるので、果たして得られた結論が正しいのかどうか、議論の余地が残ります。

　一方で、このような質的アプローチに対して、数値と統計処理をもとにした量的アプローチがあります。量的アプローチは得られた情報を数値で表すので、文字だけで表された結果と比べて比較的客観性があります。また統計処理を行うことで確率論的に「この結果が今後あり得るのかどうか」を判断することもできます。

　基本的に研究論文は、専攻によって差はありますが、後者の量的アプローチを中心としたものが多いです。たとえば、心理学の論文を見てもらえればわかりますが、ほとんどの論文で因子分析や分散分析、t検定のような分析手法が用いられています。

　分野によって異なりますがこのような分析が好まれるのは、まず数値がベースとなっているので、質的研究と比べてより客観的であるとされ説得力があるからです。また、数値や数式、ギリシャ文字などがあると論文としての見映えもよくなります。

§2 統計処理とは

　では、統計処理とはいったい何なのでしょうか。占い師が自分の占いの説明をするときに、これは統計学ですから、といったような説明をしますが、それは厳密にいうと統計学ではありません。統計学とは、先人が見つけ出した様々な確率分布をもとに、得られたデータが一度だけの事象ではなく、確率的にこれからも起こり得るのかどうかを確かめるものです。「平均が〜だった」「差が〜だった」という情報はもちろん重要なのですが、それは調査した一度きりの結果かもしれないのです。

　また、統計の便利な点は、少ないデータから実態を推測することができる点です。基本的に人文・社会科学系の研究は個人で、持ち出しで行わなければならないので、どうしてもデータの収集は小規模にならざるを得ません。小さいデータ規模から大本の実態を推測して把握することが統計によって可能となります。

● 数学が苦手……

　量的アプローチとしての統計を学ぶ必要があることはわかってもらえたでしょうか。しかし、統計の教科書に出てくる数式やギリシャ文字が苦手な人は多いでしょう。実際、私もそうでした。でも、心配しないでください。現在では多くの統計処理ソフトが出回っていて、一番身近なところでいえば、Microsoft社のExcelで多くの統計処理に必要とされる計算をやってくれます。また、所属する大学にSPSSかSASという一般的な統計処理ソフトがある場合、これを使えば修論レベルの統計は十分でしょう。極端なことをいえば、基本的な統計の知識（標準偏差とは？　中央値とは？、など）と、数種類の検定の意味、得られた結果の読み取り方さえ知っておけば、研究計画の段階では十分だと思います。

● 実現性

　研究方法の具体的なイメージは掴めたでしょうか。それではもう一度、自分の研究テーマについて考えてみてください。それは実現可能なものでしょうか。

「〜（を対象）にアンケート調査をする」と言うのは簡単ですが、実際のアンケート調査は大変な労力が必要とされます。データ調査会社に頼むことはできますが、学生が払える額ではありませんし、大学がお金を出してくれることはまずないでしょう。自分でアンケート調査用紙を Excel などで作成し、コピーして、自分で配布し、記入してもらって回収しなければならないのです。また、昨今では情報の取り扱いが厳しいので、大学の倫理委員会の許可が必要とされる場合もあります。そもそも、報酬のないアンケートやインタビューを誰が受けてくれるのでしょうか。たくさんのデータが得られたとして、うまくまとめる時間と力が自分自身にあるかどうか。考えてもきりは無いことは確かなのですが、実現可能な具体的なプランがないと、面接での質問に答えることはできないでしょう。

● 具体的な計画とは

　「サンプルはいつ、誰から、どれくらい」を明確にしましょう。「先行研究のレビューが終わるのが○○頃だから、修士2年のはじめにサンプルを集めよう。先生の講義の受講生だったら簡単なアンケートであれば大丈夫だろう」「受講生はおそらく 50 人くらいだから……」というような考え方で、それぞれを明記しましょう。職場の了解が得られるのであれば「同僚△△人を対象に」と、既存のデータベースを使うのであれば名称を記します。アクセス権があればそのことも明記します。

　「統計的に処理しやすい」と言ってしまうと怒られそうですが……、現実的な解としては結果的にそうなりますよね。たとえば、A 社の売り上げ増加の要因を見るという分析をする場合を考えましょう。量的アプローチをとるのであれば、A 社の何が変わったのか、何が強みだといわれているのかを調べます。その結果、「その要因は社長が代わったことだ」という仮説を設定することができたとしましょう。このとき、実際に代わった時点を 0 として以前と以後とでの売り上げの平均を算出し、t 検定によってその差は統計的に意味がある値かどうかを調べる —— といった具合です。

　ポイントは数値に落とし込むことにあります。定性的なデータ、たとえばインタビューの内容を文字に起こしたものであっても、頻出するキーワードを検索して、出現頻度を数値化することで統計処理を行うことができるようになります。テーマそのままを分析するのは難しいようなものであっても、間接的にそれを示

66　3 章　分析方法　〜統計について〜

すことができるように数値化することを計画の中に盛り込みましょう。

　さて、次にどんな検定を使うのか、という話に移りましょう。大雑把にいうと、t 検定、F 検定、χ^2（カイ二乗）検定などの検定は、違いに意味があるのかどうかを見るもので、回帰分析や因子分析といった多変量解析はデータの傾向を見るものです。分析手法を一つだけ取り上げてもいいし、余裕がある場合は、二つくらいの手法を利用すると書いておいてもいいでしょう。

§2　統計処理とは　**67**

§3
統計の基本

　研究計画書のレベルで必要とされる統計の知識は、専攻する学部や研究テーマによって異なります。ここでは、先に挙げた多用されるいくつかの手法を紹介します。その前に、簡単な統計の知識として、平均、中央値、最頻値、分散、標準偏差について学習しましょう。これらの値は代表値、基本統計量などとよばれ、集団の特徴を示すときに使われます。

3-1　Excel の利用

　実際に、テーマが決まってアンケート調査をしたとしましょう。アンケートを回収し、集計が終わりました。そこからアンケート調査の結果を概観すること、つまり、基本統計量の説明が必要です。

　本書では簡単ではありますが、Excel の関数を利用しつつ初心者にもわかりやすいように、統計による分析を学びましょう。

　そこでまずは、Excel の見方から説明します。Excel では横を列、縦を行とよび、それぞれアルファベットと数字で表現します。そして線で区切られる一つひとつの枠をセルとよび、横の列のアルファベットと、縦の行の数字で表します。つまり、一番左上のセルを「セル A1」とよびます。

68　　3章　分析方法　〜統計について〜

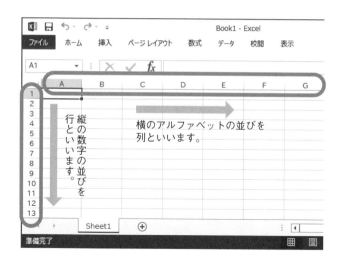

このセルに数値や関数式を入力することによって、いろいろな計算をすることができます。

3-2 基本統計量

3-2-1 平均

平均はよく利用されるのでどんなものかわかっていると思います。データをデータの数で割れば、平均を求めることができます。

Excel ではセルに "=average（A1：A10）" といったように "=" の後に関数式を入力し、計算したい範囲を選択すれば、計算結果（この場合、平均の値）を返してくれます。

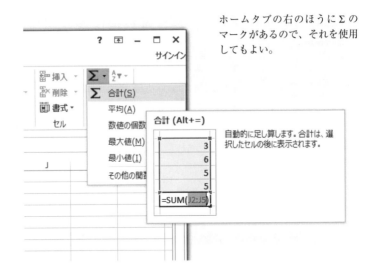

ホームタブの右のほうにΣのマークがあるので、それを使用してもよい。

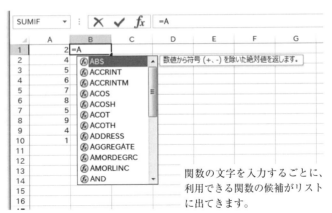

関数の文字を入力するごとに、利用できる関数の候補がリストに出てきます。

　実際にはこんな感じです。カッコ（）内のコロン（：）は、「○から△まで」という意味です。

70　3章　分析方法　〜統計について〜

この状態で Enter を押します。

すると、$10, 20, 30$ とセル B2 〜 B4 に入っている三つの値の平均を計算してくれます。計算結果が表示された（つまり、関数式を入れた）セルにカーソルを合わせると、上の f_x の隣の欄にどんな計算をしたのか表示されているのがわかりますよね。この形に慣れてしまえば、後はやり方は同じです。

少しだけ平均について補足しておきます。平均はデータの中に極端に大きな値があるとそれに引っ張られて、本当の平均からかけ離れた値になるという欠点をもちます。したがって、統計上データを扱うときは極端な値を異常値として除外することによって、影響を排除する処理を行うこともあります。

3-2-2　中央値

どこかで中央値という言葉を聞いたことがあると思います。難しいものではありません。その名のとおり、得られたデータを大きい順か小さい順に並べたとき、真ん中にある数値を中央値といいます。データ数が奇数個であれば真ん中の値をとればいいのですが、偶数個の場合は少し工夫が必要です。たとえば、$1, 2, 3, 4$ という四つのデータのとき、本当の意味での「真ん中の値」はありません

§3　統計の基本　　**71**

が、それに近い2と3の平均、つまり (2+3)÷2＝2.5 を中央値とします。真ん中にある値のため、極端に大きい、あるいは小さい値があってもその影響を受けにくいという利点をもちます。

● データが奇数個の場合

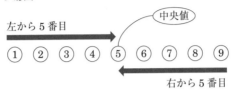

● データが偶数個の場合

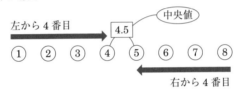

> Excel で、データの中央値を調べるには
> 　　＝MEDIAN（開始セル番号：終了セル番号）
> という関数式を入力します。

3-2-3　最頻値

次に、最頻値を紹介しましょう。最頻値は得られたデータの中で最も頻繁に出現する値のことをいいます。頻繁に出現する値だけを数えるので、中央値と同様、極端な値からの影響を排除することができます。また、大きな集団であれば頻出する値が複数ある場合、それを示すことで別の角度から集団を見ることができます。

> Excel で、データの最頻値を調べるには
> 　　＝MODE（セル範囲）
> という関数式を入力します。

3-2-4　分散

　ここから、少しだけ難しくなります。分散とは、簡単にいうと集めたデータの集団が「平均」という中心的な値からどれくらい散らばっているか、を数値として示すものです。

　算出は次のように行います。まず、個々のデータから平均を引き、平均と個々のデータの差を求めます。これを偏差といいます。

　次に、すべての偏差をそれぞれ2乗します。2乗した偏差をすべて足し合わせ、その合計をデータの数で割ります。つまり、分散とは集団の中心である平均からの距離の平均といってもいいかもしれません。分散によって、集団内のデータが平均の近くに集まっているのか、遠く散らばっているのかを捉えることができるのです。統計ではとにかく、この「平均からどれだけ離れているのか」がとても重要になります。ちなみに分散は記号 σ^2 で表します。σ は「シグマ」と読みます。

　分散はこれから繰り返し出てきますので、早いうちに理解しておきましょう。

$$\text{分散}\ (\sigma^2) = \frac{(\text{データ}①-\text{平均})^2 + (\text{データ}②-\text{平均})^2 + \cdots + (\text{データ}ⓝ-\text{平均})^2}{\text{データの数}\ n}$$

　　Excel で、分散を求めるには
　　　＝VAR.P（セル範囲）
　という関数式を入力します。

3-2-5　標準偏差

　次は標準偏差です。標準偏差は分散の正の平方根（$\sqrt{\ }$ をとったもの）です。なぜ $\sqrt{\ }$ をとるのでしょうか。分散の式を見てみましょう。分散でも散らばり具合はわかるのですが、2乗することで単位が変わり、意味が変わります。たとえば、重さのデータ（単位は g）の場合、平均の単位も g ですが、分散の単位は g^2 となってしまいます。この不都合な点を解消するために、2乗したものを $\sqrt{\ }$ をとることによって元に戻してあげるのです。これによってデータ集団の大きさにあっ

§3　統計の基本　　**73**

た値に近づくことができました。記号は、$\sqrt{}$ をとることによって2乗が消えるので σ と表記されます。

$$標準偏差（\sigma）= \sqrt{\frac{(データ①-平均)^2+(データ②-平均)^2+\cdots+(データⓝ-平均)^2}{データの数\,n}}$$

Excel で、標準偏差を求めるには

= STDEV.P（セル範囲）

という関数式を入力します。

　以上が、基本統計量です。ここまではどのような統計ソフトでも数値さえ入力すれば、簡単に出すことができます。これらの値を見ることでまずは集計した結果の概要を知ることができるようになるわけです。

3-3　共分散と相関

　これもどこかで聞いたことがある言葉ですよね。統計でいう「相関」はだいたい世間一般でいうところの相関と一緒です。たとえば、ある期間の降雨量（＝A）と自動車事故の件数（＝B）を計測し、Aが増加するとBも増えたとき、AとBの間には正の相関があるといった表現をします。同じ動きをする場合「正の相関がある」といい、異なった動きをする場合は「負の相関がある」といいます。この度合いを数値化したのが相関係数です。相関係数はAのデータ、Bのデータの個々の差をそれぞれ掛け合わせ、平均をとったものです。これは分散とよく似ています。分散は2乗でしたが、ここでは個々のデータのペアの差を掛け合わせるのです。よって、名前も少し似ていて、この値のことを共分散といいます。差を掛け合わせているわけですからこの値が大きいと一緒に動いている、いない、がなんとなくわかります。

　分散と標準偏差との関係と同様に、共分散の値のままだと値が大きいので、標準偏差の積で割ることによって相関係数が求められます。ちなみに相関係数は−1から＋1までの値しかとりません。これは、数学的に証明することができます。気をつけて欲しいのは相関とはあくまで同じ動きをする、しないというだけで「AによってBが動く」といったような因果関係まで説明するものではないとい

74　3章　分析方法　〜統計について〜

日	降雨量 (mm)	事故件数 (件)
1	10	1
2	40	3
3	32	2
4	0	0
5	25	2
6	45	4
7	0	0
8	50	7
9	15	2
10	8	1

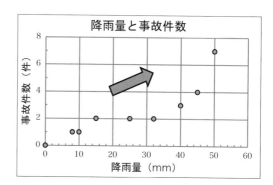

うことです。したがって、たまたま同じような動きをするものどうしがある場合(これを疑似相関とよびます)、このような疑似相関を考慮する必要があります。

$$共分散 = \frac{\Sigma(データ①×データ②の差)}{ペアの数}$$

Excelで、相関係数を求めるには
　=CORREL(データ①のセル範囲, データ②のセル範囲)
という関数式を入力します。

相関係数の式

$$相関係数 = \frac{データ①と②の共分散}{(データ①の標準偏差)×(データ②の標準偏差)}$$

§4 分布とは

　ここまでだいたい理解できましたか？　ここからだんだんと難しくなります。統計によって、得られた結果が再現性の高いものであるかどうかがわかるといいました。そのことについて説明したいと思います。

　下の表と図は、あるクラスでのテスト結果を表したものです。左の表を度数分布表、右のグラフをヒストグラムといいます。ヒストグラムの中では、「30 未満」を「～30」、「31～40」を「～40」というように簡略化して示しています。

得点（点）	度数（人）
30 未満	0
31～40	1
41～50	4
51～60	6
61～70	11
71～80	8
81～90	4
91～100	1
計	35

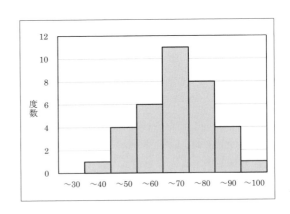

　縦軸は人数で、横軸が点数です。61～70 点の人数が最も多くて、そこからマイナスのほうに、あるいはプラスのほうに点数が変われば、度数は小さくなります（ちなみに、このテスト結果の平均は 70.6 点です）。これはテストの点数だけでなく、身長や体重、何でもいいのですが、たくさんサンプルをとって集めると上の図と同様に、平均の値の近くで度数が大きくて、左右に裾が広がったような形になります。もちろんすべてがそうなるというわけではないのですが、何度も何人も集めて図に表してみれば概ねそのような形になるだろう、という仮定はおくことができます。ヒストグラムがこのような形にならない場合については、も

う少し先で説明します。

　この現象について、統計を発展させてきた先人たちは世の中のありとあらゆる事象の起こる確率を概念的に明らかにしてきました。次のような図を見たことはありませんか？　左右対称で真ん中が一番高く、裾に行くに従って低くなっていく、富士山のような形です。これを正規分布といいます。何万という人を集めて点数の部分を71点を取った人、72点を取った人、…というように無限に細かくして隙間なく並べていくと滑らかな形になります。

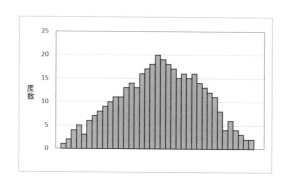

　真ん中が平均で、裾の広さは標準偏差を示します（平均からの差と標準偏差を思い出してください）。世の中の事象は平均的なことが一番起こりやすくて、平均から離れれば離れるほどそのような異常なことは起こりにくいです。当たり前といえば当たり前なのですが、このような抽象的概念を具体化することは凄いことなのです。

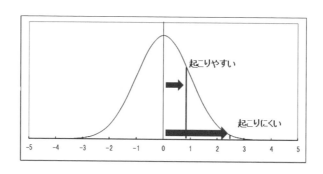

§4　分布とは　　**77**

この分布の図形はすべての事象の起こりやすさを表したもので、確率密度関数とよばれ、計算によって描くことができます（Excel の関数を使ってもできます）。簡単にいえば、上の図は起こる確率100％分を面積として図形にしたものです。先ほどのヒストグラムでは縦軸は人数を表していましたが、上の図では縦軸が事象の起こる「確率」を表し、横軸は Z 値とよばれる数値を表します。Z 値は、事象を比較可能にするために標準化された値です。Z 値がわかれば、その事象の起こりやすさ＝確率もわかるのです。ですから見方や考え方はヒストグラムと同じで、正規分布はより一般化、概念化したものと考えてみてください。この正規分布という様々な事象の起こりやすさを形にしたものがあれば、分布を使っていろいろと（確率的にではありますが）予想が可能となります。この正規分布についての考え方は後に重要となるのでよく覚えておきましょう。

§5 推測

　基本的に、皆さんが分析するうえで、すべての対象に対して調査をすることは不可能です。あくまでも元となる母集団から標本を抜き出して、全体像を推計することになります。このとき、先に説明した母集団の分布の形は正規分布を描くと仮定します。異論はあると思いますが、あくまで推計なのでこれで十分ですし、正規性を必要としない方法もあります（これは後で説明します）。そもそも、ある程度の仮定をおかなければ推測は無理なのです。

　アンケートによって得られたサンプルのことを標本とよびます。標本集団は元となる母集団から抽出したので母集団と当然、関係があります。この関係性を中心極限定理とよび、この定理によって、抽出した標本集団から元の母集団を推測することができるようになるのです。

5-1　中心極限定理

　では、この中心極限定理とは何なのでしょうか。この定理は数学的に証明することができますが、ちょっと難しいので割愛します。とりあえず、どのようなものなのかだけ説明してみます。標本を何度も繰り返し抽出してその平均を求めると、元となる母集団の平均の値に近づきます。さらに、繰り返し抽出した標本集団の分散についても $\sqrt{n}$ 個分だけ小さい値で母分散に近い値になります（このときの分散の平方根、つまり標準偏差を標準誤差とよびます）。この関係性を中心極限定理とよぶのです。

　この関係性によって推測が可能となるのですが、全部を調査したわけではありません。あくまでも確率論的に近づくわけですから、ピンポイントではなく幅をもって、「△から□の幅に○％くらいの確率で、結果は妥当性をもつ」という表現になります。いい例が選挙速報です。番組が始まった途端に当確情報が出ますが、正確な情報を流すべきテレビメディアがなぜあれほど確定して情報を出すのか不思議だとは思いませんか？　あれは、出口調査といって実際に、投票所で投

票し終えた人にランダムにアンケートを行い、その結果をもとに統計処理を行って当確情報を出しているのです。

　選挙得票率の母集団は正規分布に従い、中心極限定理という母集団と標本集団の関係があるという仮説から考えてみましょう。実際はもっと精密なプロセスを踏みますが、仕組みは同じです。正規分布における95％の範囲を計算してその範囲に入っていれば95％の確率で得票率は再現性が高い＝当確となるわけです。「95％の範囲を計算する」とありますが分布での話を思い出してください。分布とは事象の起こるすべての確率を100％としたときの、確率の推移を図として表したものです。分布の端から端まで、稀なことから平均的な事象まで、それらが起こる確率を足し合わせていくと最終的に100％になるのです。そして確率密度関数という難しい計算式によって詳しい値も求めることができるのです。計算はExcelでできるので割愛します。仮説に基づいた推測にすぎないのですが、統計を利用すれば高確率で当確情報を出すことができてしまうのです。

5-2　対立仮説と帰無仮説

　母集団を推測するというメカニズムはなんとなくわかってもらえたでしょうか。ではもう少し話を進めます。実際に、皆さんが研究するのは選挙結果の当選確率のような収集したデータから値を推測するのではなく、データを加工して結果が正しいのかどうかを確かめる、というようにもう少し複雑なものになります。

　問題意識があって仮説を立て、実際にその通りかどうかを確かめるのです。この手法を仮説検定*とよびます。ここでは代表的な仮説検定について説明していきます。

　簡単にいえば、自分が先行研究やこれまでの経験から「もしかするとAはBではないか」という問題意識をもち、このことを確かめようとするとします。この場合、自分の主張「AはBである」という主張を対立仮説として設定し、主張とは逆の「AはBではない」という帰無仮説を設定します。これは簡単な数

---

*　しかし、必ずしも、仮説を立てて分析をする必要はありません（本書でもあまりこだわっていません）。たとえば、探索型研究として特に仮説を設定しない方法もあります。

80　　3章　分析方法　〜統計について〜

学的証明手法です。あることを主張したいとき、反対の内容が否定されれば、主張したい内容が残りますよね。つまり、仮説検定ではこの帰無仮説を捨て去る（棄却する）ことによって、自分の主張である対立仮説を採択することができれば、仮説の正しさが支持されることになるのです。

5-3 どうやって確かめるのか？

研究者の書いた論文を見てもらえればわかりますが、$t=3.679<0.05$ のような表現がありますよね。これを「5%の水準で有意である」といいます。厳密には、得られた統計量 t 値が分布上で、再現率が高いかどうかの境界線である5%を超えた値であるので意味がある値だ＝対立仮説が採択される、ということになるのです。ちなみに5%とは慣習的に統計学で利用される水準で、他に0.1%や1%といった基準を使うこともあります。5%で有意ということは、100回アンケートして、95回は同じような回答傾向が得られる「だろう」ということです。逆に、この5%の範囲の境界を超えない値だった場合、100回のうち5回しかそのような回答は得られない稀なことなので、主張したい仮説は採択されません。

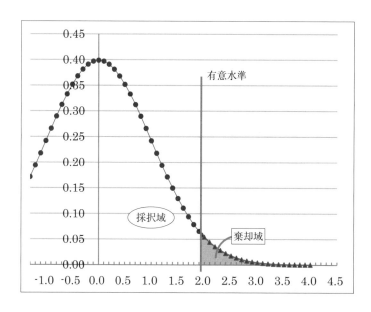

§6 統計量とは？ ― 様々な分布

　先に出てきた統計量とは、分布を構成する値のことです。正規分布でも説明したように、分布とは様々な事象の起こりやすさを表現した形です。もっと詳しくいえば、平均からの差を棒状グラフに並べ、隙間なく細かく並べると滑らかな曲線となります。また、その差という距離を標準偏差という単位におき換えています（差÷標準偏差）。なぜ平均からの距離が標準偏差なのでしょうか。思い出してください。標準偏差は平均からの差を 2 乗した値の平均、すなわち分散の平方根（$\sqrt{}$）をとったものでした。平均からのバラつき、つまり距離を値として表したものなのです。この分布は正規分布をもととして、標準正規分布、χ^2 分布、t 分布、F 分布というように様々な分布があります。

6-1　標準正規分布

　正規分布は平均 μ と標準偏差 σ がわかれば、その形が決まります。平均と標準偏差にはあらゆる数値があてはまるので、「平均が○○で標準偏差が△△の正規分布」というものは無数に存在します。これでは「平均が○○で標準偏差が△△の正規分布」に従うデータと「平均が◎◎で標準偏差が□□の正規分布」に従うデータの比較ができず、使いづらいのです。そこで、比べやすくするためにどちらも平均が 0 で標準偏差が 1 の正規分布に変換し、使いやすくします。これを標準正規分布といいます。

　平均と各データの差を標準偏差で割ることを標準化とよび、標準化した値を Z 値とよびます。標準正規分布はこの Z 値によって構成された分布です。たとえば、単位が異なるデータを比較したいとき、標準化することによって同じ土俵で表し比べることができるようになります。

82　　3章　分析方法　〜統計について〜

Excel で作成した標準正規分布

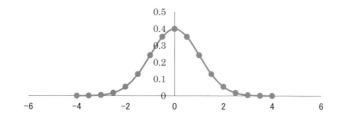

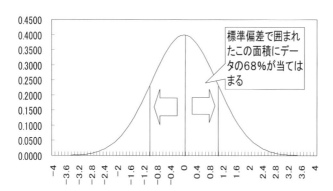

分布の見方
・分布の横軸は確率変数、縦軸は確率変数が起こる確率
・頂上は、確率が最も高い
・中心から離れると、確率は低くなる
・確率の合計、つまり正規分布の面積は「1」である

6-2　標準化

標準化は、次の式に基づいて行います。平均からの距離、つまり偏差を標準偏差 σ の分だけ縮める（もしくは $1/\sigma$ 倍する）と、標準正規分布を構成する統計量 Z 値になります。

Z 値には単位がないので異なった種類のデータ（たとえば、サッカー選手の総得点○点とパス成功率□%）であっても、それぞれ標準化して Z 値どうしで比較できるようになります。

このように調査で得られた現実のデータから、標準化のような操作によって得られる値のことを統計量とよびます。標準化の概念はこれからよく使いますのでよく覚えておいてください。

$$Z_1 = \frac{\text{データ}_1 - \text{平均}}{\sigma_1}, \quad Z_2 = \frac{\text{データ}_2 - \text{平均}}{\sigma_2}, \quad \cdots$$

Excel で、Z 値を求めるには

　　=STANDARDIZE（セル範囲, 平均, 標準偏差）

という関数式を入力します。

§7 分布から検定へ

　ここまで、読んで未だよくわからないかもしれません。私を含め数学を苦手としている人や、初めて統計に触れる人にとって数字だけで構成される抽象的な世界を理解することは苦痛です。そのような人のために、あえて簡単に、改めて説明します。

　統計で重要となるのは、平均からの「差」です。その差を比較しやすいようにしたのが、標準化です。そして標準化された差である数値を集めたものが確率分布です。この確率分布の世界では差が平均近くの値であれば、起こりやすいし、遠ければ起こりにくいのです。その境は習慣として5%を目安としています。5%の境目を越えれば「平均から近いから起こりやすい」と考えてみてください。

　「有意かどうか」の判断を行う5%の境界値はExcelで求められます。昔は教科書の後ろに各自由度に対応する様々な分布の境界値の大きな表が載っていて、それで確かめていたのですが、今はwebサイトやExcelのような表計算ソフトの関数一つで確かめることができます。そもそもt検定を行うときの統計量t値などの値も実は簡単に算出することができるのです。極論をいうと、基礎的な統計の知識と検定の使い分け、結果の読み取り方さえわかっていれば分析はできてしまうのです。そうすると、あとは各検定の使い分けです。

7-1　χ^2分布

　χ^2分布は標準正規分布を構成するZ値を2乗して標本の数だけ足し合わせたものです。乱暴にいってしまえば、χ^2分布は分散の分布です。

　そもそも標本の数は研究者の任意です。始めから想定したような標本数を用意することは現実的には不可能です。アンケートの記入漏れ、答えてくれる人がいなかった、回収率が悪かったなどの理由で標本の数は変化します。したがって、χ^2分布だけでなくこれから紹介する分布はみな標本の数によって形は多少変化しますので注意してください。

ついでにもう一つ注意してほしいことがあります。この標本の数による変化に関することで、これを統計学では自由度とよびます。皆さんが実際に統計処理を行うときは、標本数から1を引いた数で計算を行います。数学的な理由説明は難しいので省略しますが、簡単な説明としては、研究者は自由に標本の数は選べるが、既に述べたように真の平均は決まっている（＝一つの条件に縛られている）。このようなとき、分母となる標本数は−1をして、値をほんの少しだけ大きめに見積もることが必要になります。自由度は英語では degree of freedom なので論文では省略して $df = 10$ のように表現します。

自由度3の χ^2 分布

　χ^2 乗分布の形は標準正規分布とは異なり、山が左寄りにあり右に行くほど低くなります。標準正規分布に従う確率変数を2乗した値なのでマイナス域は無くなり、その分0近辺の値が多くなるのでこのような形になるのです。形は自由度によって変化しますが、山が左寄りで右裾に行くほど低くなるのは同じです。

　ちなみに、分布を構成する統計量 χ^2 値（確率変数）は標準化された Z の2乗ではなく

$$\chi^2 = \Sigma \frac{（実測値 - 期待値）^2}{期待値}$$

で求めます。平均が期待値に変わったのは理解できると思います。では「なぜ標準化式での分母が σ ではなく、期待値になるのか*」という点ですが、実際の値と理論的な値である期待値のずれがどれくらいかを示す上の式によって得られる

---

* これは証明が難しいので省略します。

86　3章　分析方法　〜統計について〜

統計量もまた χ^2 分布に従うことが知られています。

　統計量 χ^2 における分母を分散とした検定もあるのですが、皆さんがおそらく多く利用するのは期待値のほうです。上式を使う χ^2 検定を、別の言い方として適合度検定ということもあります。よくたとえとして挙げられるのが、サイコロの例です。サイコロの出る目の期待値（理論的値）は 3.5 で、それぞれの目が出る確率はいずれも 1/6 です。実際に何回かサイコロを振ってみて、1 が出た回数、2 が出た回数、…、6 が出た目の回数が理論どおりであるかどうか（理論と適合しているか）、もしくはサイコロに細工があるのではないかを調べるとき、適合度検定 — χ^2 検定 — を使うのです。つまり皆さんが分析する場合は、アンケートで得られた実際の値（数）と理論的な値（数）の違いに意味があるのかどうかを調べるときに使います。ある対象の好き嫌いの数は 50：50 が理論値だが、実際は 45：55 だったとき、この結果が確率的にあり得るのかどうかを考えるときによく利用されます。使い方は次章でも説明しますので確認してください。

7-2 　t 分布

　標準正規分布は差を標準偏差で除したものでしたが、t 分布は差を標準誤差で除した t 値で構成したものです。標準偏差ではなく、標準誤差です。中心極限定理において、推測される標準偏差の分母は n ではなく $\sqrt{n}$ です。考え方は標準化と同じです。異なるのは χ^2 分布と同じように標本の数によって多少分布の形が変わることで、形はほぼ一緒です。標本を増やしていけば最終的には標準正規分布に近い形になります。

　標準正規分布はサンプルが十分に大きい場合の検定として使えますが、皆さんが分析する際は何百といった十分な大きさのサンプルを集めることは難しいのが実状です。一方、t 分布は推測された標準誤差で標準化した統計量の集まりなので、たとえ小さなサンプルであっても理論的に推測することができるのです。検定とは、少ない標本から元を推測するわけですから、標準正規分布に代わる t 分布が必要となるわけです。

$$t = \frac{各データ - 平均}{\sigma / \sqrt{n}}$$

§7　分布から検定へ　**87**

自由度4のt分布

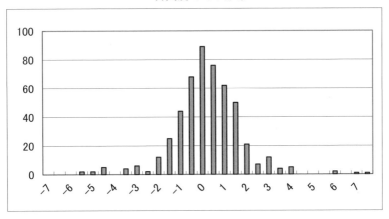

7-3　F分布

　F分布は二つのχ^2分布の比から得られます。得られる統計量F値のことを分散比ともいいます。これまではずっと絶対値としての差でしたがF分布は比です。そのため、F分布は複数の集団間の比較が可能となります。式を見てもらえればわかりますが、1に近ければ互いのバラつき具合が同じになるというわけです。

　たとえば研究で多用される分散分析はこのF分布を使ったF検定によって、有意であるかどうかを確かめるものなのです。またt検定のように集団間でバラつきが大きすぎるときに別の種類のt検定を行わなければいけません（次章で説明します）。そんなときに、このF検定を使って分散比が等しいかどうかを判断します。

$$F = \frac{\chi_1^2}{\chi_2^2}$$

自由度4と自由度5のF分布

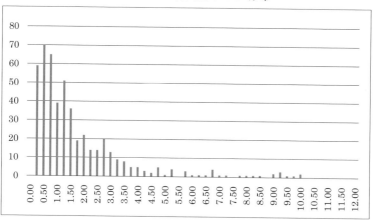

§7 分布から検定へ

3章まとめ

　基本統計から標準正規分布、χ^2分布、F分布、t分布の成り立ちとその特徴を見てきました。ややこしい部分をまとめると

- すべての分布は事象の起こりやすさを示し、確率の面積100%になる。
- 分布の意味は基本的に同じである。分散の比なのか、分散が未知のときの平均の差なのかである。
- 統計ではこれらの分布を利用して、確率的にその変数がどこにあるかを推定することができる。
- 位置を探すことができたら、次に棄却できる範囲に入っているかどうか（たとえば5％水準で）確かめる

このような感じです。

　本書での分布の解説はF分布までとしましたが、もちろん他にもあります。これ以上の発展的内容は今後の皆さんの学習にお任せするとして、現時点では統計の基礎としてはおおよそこの程度でいいのではないかと考えています。また、研究計画書で必要となる分析の説明や先行研究を調査する際、以上の基礎的知識をもっていれば面接で十分に対応できると思います。

推測統計の概念図

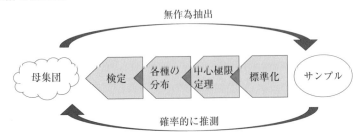

　これまでの話を図式化するとこのようになります。検定の具体的使い方や、分布をどのように使うか、研究計画書にどのように落とし込むかは、次章で説明します。

04

分析方法
～具体的方法と実例～

　統計の理論的背景を学んだあと、次に考えることは、具体的にどうやって使うのか、あるいは計画書にどう落とし込むのかということです。本章ではこれらを Excel を利用しながら見ていきます。この辺からようやく皆さんの研究計画書における分析方法に近づいていきます。

§1
t 検定

1-1　*t* 検定とは

　まずはよく使われる *t* 検定から見ていきましょう。ある集団の平均と他の集団の平均に違いがあったとします。その値が確率的に再現性が高く、意味ある値なのかを確かめるために行うのが *t* 検定です。標準正規分布の成り立ちは平均からの距離を表すものでした。つまり、あらゆる事象の平均からの距離を標準化して異なったものどうしを比較することができるのです。もう一つ、標準正規分布は理論上あらゆる事象の平均からの距離の確率分布を示す統一的なものでしたが、実際の分析ではすべてを調べることは不可能です。推測するために *t* 分布を利用するのです。

　t 検定は母分散がわかっていないときに、推定した分散を代わりに使って平均の差に意味があるのかどうかを確かめるものです。また、少ないサンプルでも検定が可能なのでよく使われます。ただし、検定を行うときには注意が必要です。*t* 検定にはいくつか種類があります。

　　t 検定のイメージ図

```
┌──────┐        ┌╌╌╌╌╌╌┐
│ A 集団の │   ━    ┊ B 集団の ┊   ＝   ( ? )
│  平均  │        ┊  平均  ┊
└──────┘        └╌╌╌╌╌╌┘
```

t 検定＝異なる 2 集団の平均の差に確率的に意味があるかどうか？　集団の定義や、分散の程度によりますが、単純な差を確かめます。

　ポイントは標本集団 1 と標本集団 2 が同じものかどうかによって、まず検定方法が分かれます。たとえば、あるクラスである教え方をしたとき、その前後でのテストの平均得点の差を見るというように、同じ集団を対象にしたときは「対応のある *t* 検定」を使います。一方、A クラスと B クラスの平均点の違いや、C

92　　4 章　分析方法　～具体的方法と実例～

というラーメン屋と D というラーメン屋の平均売り上げの違いというように異なる集団を比較する場合には「対応のない t 検定」を使います。

① 対応のある t 検定：同じ集団での平均の差

$$t = \frac{\overline{x_1} - \overline{x_2}}{\sqrt{\dfrac{s^2}{n}}}$$

　対応のある t 検定では比較する集団の分散が等しいか、等しくないかによってまた分岐します。あまりにも、バラつきが異なる集団の平均を比較しても意味がありません。どの程度の等しさが要求されるかはあとで紹介する F 検定によって確かめます。抽出した元の母集団が同じものどうしの比較であれば分散がだいたい同じであると仮定できますが、母集団が異なったり、種類が異なったりするものどうしの比較には、分散がどれくらい異なるかを検定で確かめます。このときの t 検定は異なりますので注意が必要です。

② 等分散を仮定した 2 標本による検定：分散が等しい場合

＊分散の求め方が異なる

$$s^2 = \frac{(n_1 - 1) \times \sigma_1^2 + (n_2 - 1) \times \sigma_2^2}{n_1 + n_2 - 2}$$

t 値

$$t = \frac{\overline{x_1} - \overline{x_2}}{\sqrt{s^2 \left(\dfrac{1}{n_1} + \dfrac{1}{n_2} \right)}}$$

§1　t 検定　**93**

③ 等分散を仮定しない2標本による検定（Welchの検定）：分散が等しくない場合

＊自由度の求め方が異なる

$$df = \frac{\left(\dfrac{s_1^2}{n_1} + \dfrac{s_2^2}{n_2}\right)^2}{\dfrac{\left(\dfrac{s_1^2}{n_1}\right)^2}{n_1 - 1} + \dfrac{\left(\dfrac{s_2^2}{n_2}\right)^2}{n_2 - 1}}$$

t 値

$$t = \frac{\overline{x_1} - \overline{x_2}}{\sqrt{\dfrac{\sigma_1^2}{n_1} + \dfrac{\sigma_2^2}{n_2}}}$$

式だけ見ると、なんだか難しいですよね。しかし、実際にはこの数式に基づいた計算はコンピュータがやってくれます。Excel で行う手順を次に紹介しましょう。

1-2 Excel での t 検定

Excel では、〔データ分析〕の〔分析ツール〕の一覧に、上で説明した3種類の t 検定に対応するメニューが用意されています。

比較したい集団のデータを選択し、〔α(A)〕の欄に有意水準の数値さえ入力すれば、〔OK〕ボタンをクリックするだけで結果が出力されます。有意水準はデフォルトで5% = 0.05です。

〔入力例〕

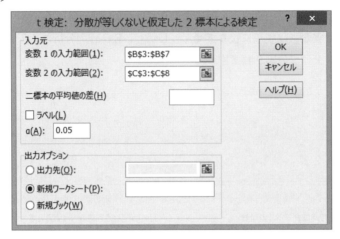

〔出力例〕

	変数1	変数2
平均	39.4	32.5
分散	1.8	27.5
観測数	5	6
仮説平均との差異	0	
自由度	6	
t	3.10340991	
P(T<=t) 片側	0.010512398	
t 境界値 片側	1.943180281	
P(T<=t) 両側	0.021024797	
t 境界値 両側	2.446911851	

t-検定: 分散が等しくないと仮定した2標本による検定

　出力結果の表の見方を説明します。まず、「t」とあるセルの右の値が統計量 t 値で、「P(T<=t) 片側」のように、頭にPがついているのが p 値です。「t境界値」が有意水準5%の境界値です。片側、両側とは分析において「大きい」

「小さい」といったように方向性が重要な場合に使い分けます。「両側5％」は右端と左端の各2.5％を棄却域として検定することであり、「片側5％」は符号がプラスの場合は右側5％で、マイナスの場合は左側5％を棄却域として検定することに相当します。この表を見ると両側検定、片側検定ともに5％水準で有意であるといえます。

最後に、出力結果の自由度の欄に注意してほしいのですが、ウェルチの検定では自由度は実際には整数になりません。しかし、Excelの分析ツールでは小数点以下は切り上げて表示されます。

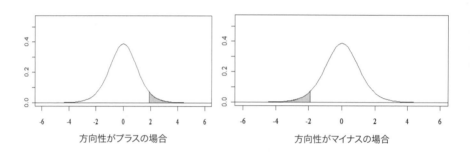

方向性がプラスの場合　　　　　方向性がマイナスの場合

1-3　t 分析の手順

データ収集もしくはアンケートの回収、そして集計まで終えれば、後は統計処理を行うのみです。たとえば、「ある集団に何らかの操作を加えたときの効果を測定したい」という定番の分析を取り上げてみましょう。これは、同一の集団での比較であり、かつ点数の比較ですので集計は簡単です。

〔分析例〕

あるクラスに対して、ある教授法での授業を一定期間行ったとしましょう。この場合、この授業が「何らかの操作」にあたります。そして、その授業の前と後にそれぞれ試験を実施し、その結果が次のようなものであったとします。

	A	B	C	D	E
	before			after	
	生徒	点数		生徒	点数
	1	86		1	82
	2	95		2	100
	3	80		3	86
	4	64		4	70
	5	98		5	98
	6	71		6	79
	7	88		7	92
	8	87		8	89
	9	88		9	95
	10	67		10	74
	11	96		11	98
	12	74		12	77
	13	57		13	65
	14	55		14	57
	15	90		15	92
	16	70		16	72
	17	53		17	58
	18	81		18	89

このとき、この教授法は効果があったのでしょうか。ここで行いたいのは、同じクラス（＝母集団が同じ）での平均の比較ですから、以前見たように Excel では「一対の標本による平均の検定」というメニューを用います。

〔入力例〕

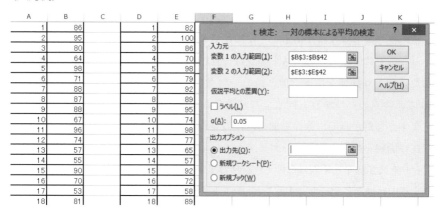

§1 *t* 検定　**97**

〔出力例〕

t-検定: 一対の標本による平均の検定ツール

	変数 1	変数 2
平均	76.05	79.725
分散	198.5103	171.6404
観測数	40	40
ピアソン相[関]	0.957446	
仮説平均と[の差異]	0	
自由度	39	
t	−5.68989	
P(T<=t) 片[側]	6.98E-07	
t 境界値 片[側]	1.684875	
P(T<=t) 両[側]	1.4E-06	
t 境界値 両[側]	2.022691	

〔注〕左の出力例では、セル内の文字が隠れていますが、列幅を広げればすべて見ることができます。

　出力結果はこのようになりました。操作を加えた（＝工夫をした授業を受けた）前後では平均に約 3.67 点の差があります。「この差には意味があるのか」ということが検定の目的でした。では、この平均の差を標準化した t 値を見ると−5.68989 です。マイナスの符号がついていますが、t 検定の場合はあまり意味がありません。なぜなら、ここでは両側検定を行っていて、t 分布は左右対称なので符号がプラスであろうとマイナスであろうと関係ないからです。ではこの5.68989 という値は、5％水準の境界値を超えている値なのでしょうか。t 境界値のセルを見ると、2.022691 とありますよね。十分超えているので OK です。

　正の符号で有意な差があることが確認できましたので、集団に対して行った操作（ここでは、授業）はテストの点数に良い影響を与えたという結論が得られました。つまり操作を加えた前と後の平均点の 3.67 点という差は、サンプル数が40 で、得点のバラつきも同じくらいであるとき、確率的に意味のある差だといえます。したがって、操作を加えた後の点数が高いので、その操作は生徒に対して良い影響を与えたと考えられます。

　とりあえず簡単な手順はこのような具合です。もちろん、実際に分析を行うときは教える内容は同じテーマとすること、テストも同じ形式でやるなど、なるべく同じ条件を整える必要があるでしょう。また、この分析の頑健性—つまりほんとうに有意な値であるかをもう一度確認するために別のクラスで同じような操作を加えて、テストなどをして検証する必要もあります。この追加の分析についての考え方は 5 章の修士論文の例でも説明していますので必要がある場合は確認してください。

98　　4 章　分析方法　～具体的方法と実例～

分析ツールが見つからない ― アドイン

　もし、Excel のメニューに「分析ツール」が見つからなければ、機能を追加しなければなりません。この操作をアドインといいます。アドインをするにはまず、ファイルのタブをクリックして、オプションを選択します。

オプションのウィンドウが展開されるので、左側の一覧から〔アドイン〕を選択します。

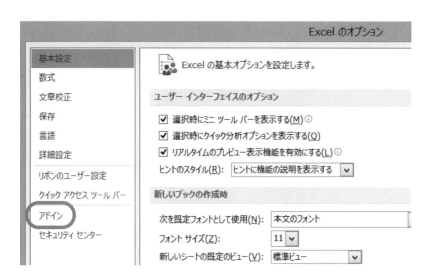

画面が変わったら、次のように〔管理(A)〕欄で「Excel アドイン」を選び、〔設定(G)〕ボタンを押します。

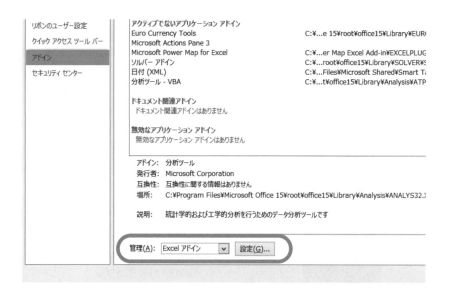

あとは、次に出てきたウィンドウで〔分析ツール〕をチェックし、〔OK〕をクリックして終わり。

すると、〔データ〕タブを選んだときに、右端に〔データ分析〕というコマンドが現れます。これで分析ツールを利用できる状態になりました。

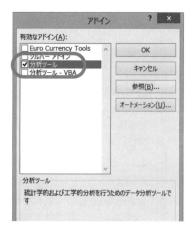

§2 χ^2 検定とクロス表分析

2-1　χ^2 検定とクロス表分析とは

　「エックス二乗」ではなく、「カイ二乗」と読みます。χ^2 検定はここでは詳しく説明しませんが、ノンパラメトリックな検定ともよびます。これは他の検定では母集団の正規性を仮定しますが、χ^2 検定はこの仮定を必要としないことに由来します。そこでよく多用されるのが、クロス表分析です。たとえば、あるクラスでサッカーについてのアンケート調査を行ってその結果を表にまとめたとしましょう。

	サッカーが好き	サッカーが嫌い
女	10	15
男	20	10

　ある特定のクラスにおける「サッカー好き」「サッカー嫌い」の男女の数というように、事象として観測数が少ない、あるいは限定される場合、母集団の正規性を仮定することは難しいです。そこで、χ^2 検定を利用してアンケート結果だけで、理論上の値と実際の値の差に意味があるのかどうかを確かめるのです。ここでいう「理論上の値」とは、各項目の期待値のことで、合計値が決まっているため算出できるものです。いま、期待値という言葉が出ました。χ^2 検定は分散を使ったものと説明しましたが、このようなクロス表分析では期待値と実際の値の差を考えます。違いは標準化するときの分母が分散なのか、期待値なのかの一点だけですが、結論をいうと、期待値ないし理論値と、実際の値の差の分散の分布は χ^2 分布に従います（3章での χ^2 分布も確認してください）。よく用いられるクロス表分析について、「分母は期待値を使う」と覚えておきましょう。

§2　χ^2 検定とクロス表分析　**101**

χ^2 検定のイメージ図

　χ^2 検定とは、理論値（期待値）と実際の値の割合が同じかどうか、調べる方法です。たとえば、ある試験やアンケートにおいて、選択肢 A、B、C の選ばれ方の理論上の割合は 4：3：1 だったとします。しかし、実際には 2：3：2 でした。さて、これは統計上違うといえるのでしょうか。

　このクロス表分析から得られるのは、項目ごとの回答人数（度数とよびます）に差があるかどうかです。t 検定は二つの集団の平均の差が有意であるかどうかを調べるのでした。一方、クロス表分析は例にあるように、縦横の合計はアンケートをとる段階で決まり、複数の項目が（その名のとおり）クロスして期待値を算出できるような場合に利用されます。

2-2　クロス表分析の期待値

　たとえば、先ほどの例では回答したクラスの女性は（表の値を横方向に足して）25 人、男性 30 人で、合計 55 人です。この横方向に足したものを行合計といいます。次に縦方向に足すと、サッカーが好きな人は男女合わせて 30 人、サッカーが嫌いな人は男女合わせて 25 人とわかります。この縦方向に足したものを列合計といいます。これらを用いて、たとえば「女性で、サッカーが好き」人の度数の期待値が次のように計算できます。列合計（サッカー好きの人数）×行合計（女性）を総合計数（クラス全体の人数）で割ると、$30 \times 25 \div 55 =$ 約 13.64 と求められます。このように、アンケート結果に基づいた人数比を用いて、期待値を求めることができます*。特に 2×2 の集計表の場合、行列の合計は決まっているので、一つの値がわかれば残りも求められます。

＊　○×□のクロス表分析における期待値は、自分で計算しなくとも web サイト上でデータを入力しさえすれば、自動的に計算してくれるものが多くあります。計算をわずらわしいと感じた人は、そのようなサイトを利用して計算してみてください。

実測値（左）

実測値	好き	嫌い	合計
女	10	15	25
男	20	10	30
合計	30	25	55

期待値	好き	嫌い
女	=B4*D2/D4	11.36
男	16.36	13.64

実測値（右）

実測値	好き	嫌い	合計
女	10	15	25
男	20	10	30
合計	30	25	55

期待値	好き	嫌い
女	13.64	11.36
男	16.36	13.64

カイ2乗値	好き	嫌い
女	=(B2-B7)^2/B7	
男	0.81	0.97
合計		
3.911		

　数値だけを見ると男性のほうがサッカー好きで（好き 20 人＞嫌い 10 人）、女性はサッカーがそれほど好きではなさそう（好き 10 人＜嫌い 15 人）なので、直感的には「サッカーの好みには男女で差がある」と思えます。ただ一方で、女性でも少なくとも 25 人中 10 人も好きという結果がありますし、同様に男性でもサッカーを嫌いな人は 30 人中 10 人もいます。はたして、直感として感じたことが「本当にそのようにいえるかどうか」—これまでと同じように意味のある差なのか—を確率的に確かめる χ^2 検定で検証してみましょう。実際の値と期待度数（理論値）の差の 2 乗を期待度数で割ったものの合計が統計量 χ^2 で、これを用います。今回の例の場合、統計量 χ^2 値は 3.911 です。

　ちなみに、Excel の〔分析ツール〕には χ^2 検定のメニューがありません。したがって、関数を使わざるをえません。

たとえば、自由度 n の χ^2 検定の α％水準での境界値を知るには

$\quad$ ＝CHISQ.INV.RT（$\alpha \times 0.01, n$）

という数式を入力します。

$\quad$ たとえば自由度が 1、有意水準が 5％のとき、その境界値は

$\quad$ ＝CHISQ.INV.RT（0.05, 1）

と入力すれば約 <u>3.841</u> とわかります。

得られた統計量 χ^2 値と自由度 n に対応する確率（p 値）を知りたければ

$\quad$ ＝CHISQ.DIST.RT（得られた統計量のセル, n）

と入力すればよいのです。

$\quad$ たとえば自由度が 1 で、得られた統計量がセル A20 に入力されている場合、

$\quad$ ＝CHISQ.DIST.RT（A20, 1）

とします。統計量が 3.911 のとき、この値は <u>0.0480</u> です。

$\quad$ クロス表分析の自由度は「列×行」です。2×2 クロス分析表の場合、それぞれ 1 を引いて $(2-1) \times (2-1) = 1$ となり、自由度は 1 です。今回の例の場合、χ^2 値は 3.911 で、これは 5％水準の（$\chi^2 = 3.841$）を超えており、p 値も 5％以下の 0.0480 なので有意です。つまり、アンケートにおける男女比（男 30 人、女 25 人）や、好き嫌いの回答比（好き 30 人、嫌い 25 人）から得られる期待度数と、実際に得られた値とでは、5％水準で有意な差があるので、最初にアンケート結果から抱いた直感である「サッカーに対する好みについて男女で違いがある」が確率的に正しいといえるのです。

$\quad$ 注意してもらいたいのは、この結果からは必ずしも「男性のほうがサッカーを好きである」と強く主張できない点です。あくまでもクロス表分析はアンケートから得られた集計表において「サッカーの好き嫌い」について男女別の数に着目し、理論的にこれくらいの割合になるだろうという値と、実際に得られた値との差を検定しているのです。「サッカーの好き嫌いに男女で差がある」ということ以上にさらに踏み込んでより厳密に「男性のほうが女性よりもサッカーが好き」かどうかを調べるには、期待値と実測値の差の検定である残差分析が必要です（Excel ではできないので割愛しますが、他のソフトウエア、たとえば SPSS では可能です）。

§3 F 検定

3-1　F 検定とは

　F 検定は二つの標本集団の分散比を見て、違いがあるかどうかを調べるものです。t 検定は平均の差に着目しましたが、F 検定は比を見るので用途が広がります。また、F 検定は t 検定を行う前に 2 集団の分散が等しいかどうかを調べるために利用することを前述しました。Excel の〔分析ツール〕では「F 検定：2 標本を使った分散の検定」を選びます。

　F 検定のイメージ図

<u>F 検定とは</u>
　異なる集団のデータの散らばり方が同じかどうか、あるいは変化の度合いが同じかどうか？
　それぞれの分散の大きさで確認します。F 検定は分散分析という複数の変数の多重比較でも利用できます。

3-2　ExcelでのF検定

　F検定の手順はt検定と同じです。便利なのはt検定が2標本集団の平均の差を対象にするものであるのに対して、比を見るので、複数の変数間の比較をしやすいところにあります。〔データ分析〕には「F検定：2標本を使った分散の検定」というメニューがありますが、これは主にt検定をする前に2標本の間の分散が等しいかどうかを確かめるためのものです。もちろん、それ以外にも使用できます。

〔入力例〕

〔出力例〕

topixとRさんのリターンの差	TOPIX	Rさん
2015年7月	1.1%	4.5%
2015年6月	−2.6%	6.4%
2015年5月	5.1%	4.0%
2015年4月	3.2%	−2.0%
2015年3月	1.3%	7.0%
2015年2月	7.7%	11.0%
2015年1月	0.5%	6.0%
2014年12月	−0.2%	3.0%
2014年11月	5.8%	−4.0%
2014年10月	0.6%	8.0%
平均	2.2%	4.4%
分散	0.0009805	0.002039

F−検定: 2 標本を使った分散の検定

	変数 1	変数 2
平均	0.0439	0.022399
分散	0.0020388	0.00098
観測数	10	10
自由度	9	9
観測された分散比	2.0793462	
P(F<=f) 片側	0.1452976	
F 境界値 片側	3.1788931	

　たとえば、個人投資家のRさんの月ごとの株式投資のリターン（何％儲かったか）と同じ期間の東証上場企業全体の平均であるTOPIXのリターンに違いがあるかどうかを検証するとします。

　TOPIXの動きより平均は2.2％ほど高いのですが本当に意味のある差なのかをt検定を使って調べる場合、この2標本間の分散が等しいかどうか調べなくてはなりません（t検定の種類を思い出しましょう）。そこで、このようにF検定を使って分散比の検定を行うのです。

　結果を見ると、統計量である分散比（$F=2.079$）で5％水準の境界値（$F=3.178$）を超えていません。またp値も0.145なので5％以上です。したがって、分散は等しいと仮定できるので、t検定（等分散を仮定した2標本による検定）を行うことができます。

§3　F検定　**107**

§4 回帰分析と重回帰分析

4-1 回帰分析

　ここからはもう少し複雑な分析方法を紹介します。ただし、統計検定と同様に、難しい計算が必要ですが実際には統計ソフトに任せることができます。Excelでの操作例を見てみましょう。

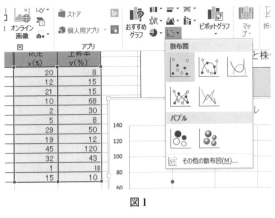

図1

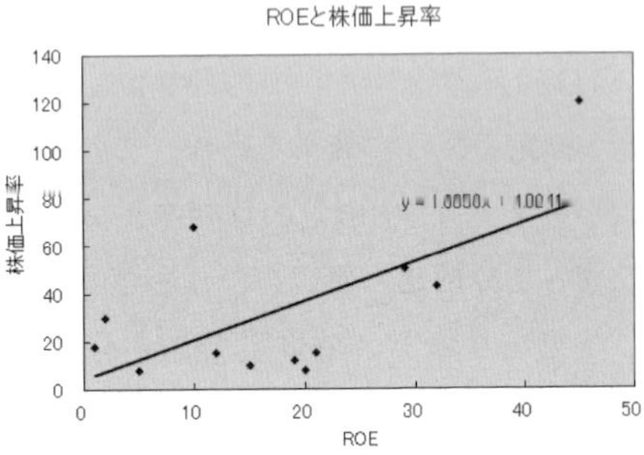

図2

　図1のように操作（選択）して、2標本データの散布図を作成し、近似曲線と数式を追加すれば、図2ができ上がります。この近似曲線を回帰直線といい、

図中の $y = ax + b$ の形の式を回帰式といいます。回帰式は回帰直線の方程式です。

　では、どのように図を読み取ればいいのでしょうか。図2を見ながら、説明しましょう。

①回帰直線：回帰直線はデータの中心（各データと直線の差を最小にする位置）を通るように引かれています。
②回帰式：図2の直線の方程式は $y = 1.6356x + 4.3241$ です。右肩上がりの直線ですから、x の係数の符号はプラスです。右肩下がりの場合、マイナスになります。また、ROE の値を x に代入すれば $1.6356x + 4.3241$ だけの上昇率が式から推測できます。ちなみに ROE とは財務指標の一つ（純利益／自己資本）で、高いほど企業の効率性が良いとされています。
　では、直線の傾きである 1.6356（回帰式 $y = ax + b$ の a）と、切片 4.3241（回帰式の b）の値はどのようにして求めたのでしょうか？　散布図（図2）における回帰直線を見ると、線が個々のデータ（点）のなんとなく真ん中を通るように引かれているのに気づきませんか。回帰直線は、このように各データが線からなるべく均等な距離になる、という約束があります。この回帰直線を求める方法を最小二乗法といいます。簡単にいうと、直線までの距離を想定し、二次関数の式を作ります。そのうえで、切片と係数について微分をして回帰式を求めるのです。ちょっと難しいですよね。でも、我々には Excel があります。計算は任せましょう。

　回帰分析も推測なので、有意であるかどうか確かめる必要があります。ただ、

その前に少し回り道をします。回帰式の精度です。回帰式の精度を測る指標に決定係数があります。決定係数は $0 \sim 1$ の値をとり、1に近ければ近いほど求められた回帰式の精度が高いことを示すのです。

〔出力例〕

回帰統計	
重相関 R	0.693864
重決定 R2	0.481447
補正 R2	0.452639
標準誤差	0.759059
観測数	20

分散分析表

	自由度	変動	分散	測された分散
回帰	1	9.628943	9.628943	16.71199
残差	18	10.37106	0.57617	
合計	19	20		

	係数	標準誤差	t	P-値	
切片	-3.1E-16	0.16973	-1.8E-15	1	-
X 値 1	0.693864	0.169731	4.08803	0.00069	0

〔分析ツール〕の「回帰分析」で得られた結果は、上のように出力されます。「回帰統計」の「重決定 R2」が決定係数にあたります。この決定係数は最小二乗法によって得られた回帰式中の x に実際の値（たとえば、図3の x_1）を入力して求めた y（図3の y_1'）と、元々の y の値（図3の y_1）の分散を比較したものです。つまり、バラつきの差が小さければ小さいほど精度は高いということがいえるのです。

最後に、出力例の「係数」のところを見てください。E−16 という表現がありますね。これは、小数点以下の桁数を表します。今回の場合、切片（回帰式 $y = ax + b$ の b）の実際の値は 0.0000000000000031 です。t 値や p 値の見方は今までと同じです。この検定は傾きが0である、つまり母平均を0としたときと傾きの値との差の t 検定を行っています。

回帰分析でもう一つ重要なのは何を変数 y と x とするのかです。変数 x の動きに y は影響されると考えるので、x を独立変数（説明変数）とよび、y を従属変数（被説明変数）といいます。例に挙げた ROE と株価でいえば、株価を y とし

110 4章 分析方法 〜具体的方法と実例〜

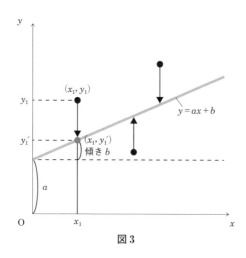

図3

て、ROEをxとおいたということです。つまり、「財務の効率性の上昇は株価の上昇につながる」という仮説を検定するために、このように変数を設定しました。傾きが有意に正の値を示したことはROEが高いほど株価も高くなることを意味し、回帰式の精度を示す決定係数も許容範囲にあります。このことから、仮説は正しいということがいえるのです。

　研究計画書ではどの変数を独立変数、従属変数にするのかまで説明できる字数の余裕は無いのですが、指定された文字数が多い場合には、詳細な説明までできるようチャレンジしてみてください。

　この回帰分析は相関分析と意味は似ていますから、どこが違うのか戸惑う人もいるかと思います。しかし、当たり前といえば当たり前ですが求め方が違うので異なるものです。そして、最も大きく異なるのは$y=ax+b$において切片bと傾きaによってyへの影響だけでなく、将来のyを求めることができる点です。相関分析はあくまでも変数xとyの動きが同じなのか、そうでないのかだけでした。両方とも散布図で図示されるので混同しがちです。似ているようですが、違いますので気をつけましょう。

4-2 重回帰分析

　回帰分析の補足として重回帰分析を取り上げます。回帰分析と違うのは、一対のデータによる「単」回帰か複数の変数による「重」回帰かです。$Y = a_1X_1 + a_2X_2 + a_3X_3 + \cdots + b$ というように、独立変数 $X_1, X_2, \cdots$ がそれぞれどの程度の影響を従属変数 Y へ与えるのかということを同時に測ることができるのです。図で理解するならば、単回帰とは異なり立体的なものになります。複数の変数がある回帰式は三角形のようなものと捉えてみてください。既に2章で述べたように研究は多面的に分析する必要があります。そのため、一対の比較だけでなく複数で考えなければならない場合もあるでしょう。重回帰分析はそのような意味で便利な分析方法なのです。

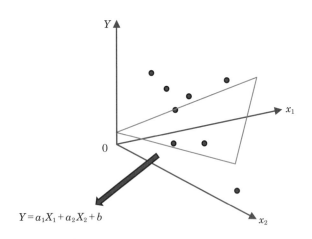

　回帰分析と同様に最小二乗法を使い、連立1次方程式によって複数ある変数の組み合わせから、係数 $a_1, a_2, a_3, \cdots$ を導出します。計算過程はとても複雑ですが、Excel の分析ツールで計算可能です。
　一例として、SNS のフォロワーの数の大小は何によって影響を受けるのか分析するケースを考えます*。SNS では、友達として登録することを「フォローす

---

* SNS はおおよそシステムや使い方が同じなので mixi、facebook、twitter なんでもいいのですが、ここでは twitter で考えてみました。

る」といい、フォロワーとは自分のことを友達として登録してくれた人のことをいいます。

ここで行う分析は、フォロワー数がフォロー数や投稿した件数、性別のデータと関係があるかどうか調べるものです。

単回帰分析の回帰式：$y = ax + b$

重回帰分析の回帰式：$y = a_1 x_1 + a_2 x_2 + a_3 x_3 + \cdots + b$

右の表のように、15人についてフォロワー数、フォロー数、投稿数、性別のデータが得られたとします。

回答者	フォロワー数	フォロー数	投稿数	性別
1	329	243	120	男
2	300	198	212	女
3	80	40	90	女
4	3	10	30	男
5	16	10	73	男
6	7	14	94	男
7	10	15	20	女
8	40	20	35	女
9	1012	300	148	女
10	322	260	122	男
11	400	320	180	女
12	21	20	23	女
13	5	15	10	男
14	2	10	6	男
15	40	211	92	男

〔入力例〕

§4 回帰分析と重回帰分析

独立変数 X の数は単回帰分析では一つですので、〔入力 X 範囲(X)〕は 1 列だけですが、重回帰分析では独立変数が複数あるので上図のように複数の列を選択します。注意が必要なのは性別です。「男」「女」のままではなく、上のように男＝1、女＝2 と性別を数値化して、数値におき換えます（この数値化については補足のところでまた説明します）。

〔出力例〕

概要								
回帰統計								
重相関 R	0.844765							
重決定 R2	0.713629							
補正 R2	0.635527							
標準誤差	165.3644							
観測数	15							
分散分析表								
	自由度	変動	分散	測された分散	有意 F			
回帰	3	749582.4	249860.8	9.137219	0.002531			
残差	11	300799.3	27345.39					
合計	14	1050382						
	係数	標準誤差	t	P-値	下限 95%	上限 95%	下限 95.0%	上限 95.0%
切片	-250.168	139.9164	-1.78798	0.101326	-558.121	57.78614	-558.121	57.78614
X 値 1	1.921214	0.630216	3.048501	0.011077	0.534118	3.30831	0.534118	3.30831
X 値 2	-0.28073	1.220528	-0.23001	0.822306	-2.9671	2.405631	-2.9671	2.405631
X 値 3	164.41127	89.90985	1.82864	0.094672	-33.4775	362.303	-33.4775	362.303

　出力結果も単回帰分析の場合とほぼ同じです。違うのは変数が「X 値 1」、「X 値 2」、…と増えている点です。ただし、重回帰分析で注意が必要なのは複数の変数の相関が高い場合、分析の中で Y に対する X の動きだけでなく、同じ説明変数 X 間での動きまで二重にカウントされることになり、説明力が薄まってしまうことです。純粋に Y に対する説明力を分析したいのですから、このような場合には相関行列を別に作成して相関が高い変数をどちらか取り除いて回帰分析をしなければなりません。重回帰分析を行った論文で、変数の組み合わせを様々に変え、モデル I、モデル II、…として結果を示しているものをよく見ますが、あれは多重共線性を考慮したものなのです。

　結果を見るとフォロー数の多さがフォロワー数に有意に正の影響を与えている

ことがわかります。決定係数も 0.7 とモデルの当てはまり具合もいいので、結果の説明力は高いことがわかります。この結果のインプリケーションは、フォロワーの数は自身がフォローした数が多いと多くなるということを示しています。このことから現実世界で積極的に相手に話しかけるとコミュニケーションが増えるのと同様に、SNS の世界でも相手への積極的な関わりが友達の増加につながるということがいえそうです。

　回帰分析の説明は以上です。計算過程は難しいのですが、それは Excel や SPSS がやってくれます。ですからあまりそこはこだわらず、ある程度の原理さえ知っておけばいいのではないかと思います。むしろ皆さんはどうやって使うのか、使って何を明らかにするのか、という点に力を注いでください。

§5 分散分析

5-1 分散分析とは

分散分析は ANOVA (analysis of variance) ともよびます。たとえば、t 検定は二つの集団の比較でしたし、クロス表分析は変数が多数あっても、あくまで回答傾向と理論値の違いという二つの比較でした。一方、分散分析は複数の集団の分散を比較することで違いを見ることができるのです。

ではどうやるのでしょうか。

分散を求めるときに、一つひとつ算出した偏差を思い出してください。ここでは、偏差をいくつかの要因に分解します。つまり、偶然によるものと必然によるものに分けるのです。

たとえば、Aさん、Bさん、Cさんの3人のスピーチに対する印象評価のアンケートを5件法*で行ったとします。

3人のスピーチに対する6人の評価結果（5段階評価：5件法）

	Aさん		Bさん		Cさん	
	評価	偏差	評価	偏差	評価	偏差
回答者1	4	1	3	−1	5	3
回答者2	3	0	5	1	1	−1
回答者3	3	0	4	0	1	−1
回答者4	2	−1	5	1	1	−1
回答者5	4	1	4	0	2	0
回答者6	2	−1	3	−1	2	0
スピーチごとの平均	3		4		2	
全体の平均	3					

---

* たとえば、ある質問項目に対してどの程度そう感じるのかを「まったく思わない」を1点、「強くそう思う」を5点として、数値で回答させる方法を5件法といいます。3件法など、ほかの値でももちろん同様の意味です。

表と照らし合わせながら、順に見ていきましょう。

① 6人にアンケートに答えてもらった結果が表の「評価」欄です。つまり、全部で18個のデータが得られました。

② それぞれのスピーチの評価の平均を求めて、さらに、それとの偏差を求めます。たとえば、Aさんの平均は簡単な計算により、3点とわかります。この3との差を「偏差」欄に入れたものが先ほどの表です。もちろん、Bさん、Cさんも同様です。

③ 全スピーチの評価の平均と、それとの偏差も求めます。

スピーチごとの平均	3		4		2	
全体の平均	3					
個別平均と全体平均との偏差	0		1		-1	

④ 最後に、18個のデータそれぞれについて、全体の平均との偏差も求めます。

	Aさん		Bさん		Cさん	
	評価	全体平均との偏差	評価	全体平均との偏差	評価	全体平均との偏差
回答者1	4	1	3	0	5	2
回答者2	3	0	5	2	1	-2
回答者3	3	0	4	1	1	-2
回答者4	2	-1	5	2	1	-2
回答者5	4	1	4	1	2	-1
回答者6	2	-1	3	0	2	-1
全体の平均	3					

②で求めた偏差と④で求めた偏差は、別のものであることに注意しましょう。

　これで実は「評価」を偶然の評価と、必然の評価に分けることができました。なぜかといえば、全体の平均である3と回答者1～6の回答との偏差はあくまで各個人の好みにすぎない、たまたまの結果ともいえます。しかし、Aさん、Bさん、Cさんのスピーチごとの評価平均と回答者の回答との偏差は、各スピーチに対して、異なる好き嫌いの情報が反映されています。よって、これを必然とよぶことができるのです。この偶然と必然を群間（全部の評価）、群内（個別スピー

§5　分散分析　**117**

チの評価) ともいいます。

　このように分けることができれば、あとは偏差をもとに不偏分散を求め、F検定を行います。ただし、注意してほしいのは偶然の不偏分散の自由度は $(6-1)+(6-1)+(6-1)=15$ であることです。全体の評価ではあるのですが、少なくとも評価は3種類です。よって、各スピーチの評価数から1を引きます。また、必然は三つの変数の偏差であるので $3-1=2$ となります。

5-2　Excel での分散分析

　FINV関数を使ってもいいのですが、〔分析ツール〕には分散分析のメニューが用意されています。

〔入力例〕

「先頭行をラベルとして使用」にチェックすると、出力結果でラベルが表示されます。

〔出力例〕

0							
1	分散分析: 一元配置						
2							
3	概要						
4	グループ	標本数	合計	平均	分散		
5	Aさん	6	18	3	0.8		
6	Bさん	6	24	4	0.8		
7	Cさん	6	12	2	2.4		
8							
0	分散分析表						
1	変動要因	変動	自由度	分散	観測された分散比	P-値	F 境界値
2	グループ間	12	2	6	4.5	0.029451	3.68232
3	グループ内	20	15	1.33333333			
4							
5	合計	32	17				
6							

　統計量 F 値は「観測された分散比」に示される値です。上の出力結果の場合は 4.5 です。これは、「F 境界値」約 3.68 を上回っています。P 値は約 0.029 で 5 ％以下です。このことから、A さんの平均評価 3 点、B さんの平均評価 4 点、C さんの平均評価 2 点は 5 ％水準で有意な差がある、つまり評価は B さん＞A さん＞C さんであることがわかります。

　いろいろと説明してきましたが、群内と群間に分ける計算過程については原理さえ知ってもらえれば OK です。他の分析と同様、計算は Excel がやってくれます。

　分散分析がよく使われるのは、汎用性の高さにあります。t 検定は二つの変数の差の絶対値で調べましたが、分散分析は F 検定という比率の検定ですので、複数の変数間の有意差を確かめることができるのです。回帰分析と同様、使いやすいのはこのためです。

§5　分散分析　**119**

§6 因子分析

　因子分析は Excel だけではちょっと難しいです。何かしらの統計解析ソフトが必要となりますので、本当に簡単な説明だけに留めておきます。因子分析とは、複数の質問項目に対する回答に何かしらの潜在的な回答傾向を見つけ出す分析です。たとえば、あるアンケートにおいて、質問1に対する「そう思う」という回答の数と、質問4に対する「そう思う」の回答の数が比例している場合、相関は高いといえるでしょう。そのような相関の高いものどうしをまとめることで、複数の質問に対する回答傾向の中に潜む大きな傾向（これを因子とよびます）を見つけるのが因子分析です。

　次章では読み取り方や内容について、実例を用いてもう少し詳しく説明します。

構造行列

	因子			
	1	2	3	4
B01_ 仕事は人生に充実感をもたらす	.880	.315	-.181	.256
B02_ 仕事は自分の人生を豊かにする	.847	.302	-.159	.221
B04_ 仕事は自己実現の場である	.727	.268	-.131	.278
B05_ 仕事は自分にとって生きがいである	.652	.512	-.174	.347
B08_ 仕事を通して自分が成長する	.595	.259	-.108	.449
B03_ 仕事で頑張るには家族の理解が大切である	.402	-.101	.017	.278
B15_ 家庭のことより仕事を優先させたい	.193	.837	-.048	.035
B14_ 自分にとって何より大切なのは仕事である	.248	.660	-.039	.141
B16_ 仕事のためなら帰宅時間が遅くなっても仕方がない	.308	.636	-.060	.248
B11_ 仕事は自由の時間を奪う	-.121	-.118	.816	.193
B12_ 仕事は人生の多くの部分を奪う	-.150	.037	.701	.101
B10_ 仕事は家族と関わる時間を奪う	.012	.105	.684	.206
B13_ 仕事をしないですむならそれに越したことはない	-.211	-.236	.580	.061
B20_ 安定した仕事についていることは重要である	.280	-.043	.106	.680
B18_ 仕事をすることは社会への貢献である	.270	.363	.062	.660
B17_ 仕事をすることは社会的義務である	.201	.302	.163	.608
B19_ 仕事の目的は経済的に家族を支えることである	.063	-.167	.289	.542
B21_ 働くからには昇進したい	.405	.208	-.116	.465

120　4章　分析方法　～具体的方法と実例～

§7 アンケートの作成

　次はアンケートの作成方法について述べます。いつ、どこで、誰に、どのくらいの数で用紙を配布するのか、肝心の質問項目はどうするのかということについて計画を立てなければなりません。

　まず注意すべきは質問項目の数です。多くの人が、回答者の事情も考えずに質問項目をたくさん用意しがちです。しかし、そもそもアンケート調査に答えてくれる人はそう多くはないと考えたほうがいいでしょう。そのなかで回答者は善意で回答してくれるのですから、謝礼を出せない限り、たくさんの質問項目に回答してもらうのは避けましょう。回答してくれなくなります。

　これに関連して、自由記述を設ける例も見られますが、後の集計がたいへんです。なるべく数値としてまとめやすい、たとえば選択して答えられるような回答にしましょう。対象は、自分が学生であれば同じ大学の学生、社会人であれば職場の人たち、というように身近な関係者に設定するのが基本です。もしそのような身近な所で、ある程度の回答者数を確保できないのであれば、避けたほうがいいでしょう。とにかく不特定多数を対象とするのはかなり難しいということです。研究計画書に「アンケート調査をする」と書くときには、以上のポイントを想定した上で面接に臨む必要があります。

　具体的なアンケート作成については心理学の尺度が参考になります。試しに心理学系の論文を調べてみてください。論文の中盤あたりから因子分析の結果が現れます。そこに質問項目が並んでいるのを見ると番号が振ってあり、数えるとだいたい20〜40くらいに収まっているのがわかります。あるいは、論文の最後、参考文献の後ろに実際に配布した質問用紙が添付されている場合がありますので見てみましょう。「全く思わない（1点）」、…、「そう思う（4点）」のように質問に対する考えを数値化し、1点からだいたい4、5点という範囲の点数で表してもらうというものです。

　これを心理学では尺度とよびます。研究者たちが様々な質問を作成し、アンケートを行った上で最も関連のありそうな質問を因子分析によって抽出し作成した

ものです。心理系の専攻の人はこの既にでき上がった尺度に、質問項目を加減したり、年齢や性別といった属性を付け加えてアンケートを行うのです。このように心理系の人にとってはお馴染みなのですが、他分野の研究にも適用できます。たとえば、ストレス尺度は場面や特性ごとに何種類も開発されており、これを工夫することによって従業員の成果主義に対するストレス度合いを調べる、といったような調査が可能となります。したがって、心理系以外の専攻であっても関連する尺度はあるので、心理系論文や尺度集を調べてみると意外な発見があるかもしれません。

〔尺度の例〕

【A】最初に基本的なことをお尋ねします。あてはまるものに○をつけてください。

1. あなたの学年は？　　　　………（ 1 　2 　3 　4 ）年
2. 現在、就職活動中ですか？（インターンシップ含む）
　　　　　　　　　　　　………（ はい ・ いいえ ）

【B】あなたの仕事観について、それぞれあてはまるものを次の中から選び、○をつけてください。

4…そのとおりである　　　　3…どちらかといえばそうだ
2…どちらかといえば違う　　1…違う

ア．仕事は人生に充実感をもたらす　　（ 1 　2 　3 　4 ）
イ．仕事は人生を豊かにする　　　　　（ 1 　2 　3 　4 ）
ウ．仕事で頑張るには家族の理解が必要である
　　　　　　　　　　　　　　　　　　（ 1 　2 　3 　4 ）
エ．仕事は自己実現の場である　　　　（ 1 　2 　3 　4 ）
オ．仕事は自分にとって生きがいである（ 1 　2 　3 　4 ）

ここまで見てきていかがでしょうか？　大まかではありましたが、分析すると
はどんなものかイメージできたでしょうか。研究計画書の中での研究方法に関す
る記述は、指定字数が1000〜2000字程度であれば多くても約3割しかスペー
スを割けないでしょう。したがって字数制限を考慮すると、「サンプルはおおよ
そ100人で、どこの誰から、どんな統計を使うか、なぜその検定なのか」とい
う程度の説明で終わります。しかし、入学後を見据えると本書で紹介した程度の
統計の知識は必要になりますし、面接で細かく質問されたとき答えられるように
しておくためにもやはり統計の知識は必要です。

　これから分析にとりかかろうとする人は、先行研究をもう一度チェックしまし
ょう。最初に戻って「先人の真似をする」「重箱の隅をつつく」のを忘れないよ
うに。修士論文であれば、それほどオリジナリティの高いものは要求されないは
ずですので、対象を変えるとか、異なったカテゴリーで改めて分析をしてみると
かその程度でもいいのです。野心的に異なったアプローチをしようとするのはと
てもいいことなのですが、本当にそれができるのかを確かめるべきです。安易に
自分の聞きたいことだけをアンケートいっぱいに詰め込むと集計だけに時間がか
かり、肝心の分析ができなくなるでしょう。いずれにせよ、現実的な着地点をし
っかりとイメージし、自分のできる範囲での分析に留めるべきでしょう。

§7　アンケートの作成　　**123**

§8
質的研究について

　質的研究については本書ではあまり扱いません。私自身、インタビュー調査自体を行ったことがありませんので、詳しく説明することができないからです。したがって、あくまでもこれまで見てきた範囲での話になります。

　研究計画の段階ではいいのですが、実際のインタビュー調査を主体とした研究は量的研究よりも作業量が多いのは否定できません。聞いた内容を書き起こすだけでかなりの苦労が伴います。たとえば、1時間のインタビューの場合、1万～2万文字くらいになるのではないでしょうか。書き起こした内容をグラウンテッド・セオリー・アプローチ（GTA）などの分類法によってまとめ、その上でインプリケーションを導くのです。

　質的研究が難しいのは、GTAという分類法があるとはいえ、何より自説あるいはモデルに合致しているか、していないかの判断の基準が研究者自身に委ねられている、つまり、結局のところ研究者自身のセンスに依るところが大きいからです。つまり、研究者の研究能力がストレートに問われるので、評価の良し悪しも明確に伝わってしまうのです。したがって、無難さと現実解を目的とするのであれば、質的研究のみに頼るのではなく少なくともデータによる結果も併せて提示することをお勧めします。

　これは量的研究でアンケート項目に自由記述欄を設ける場合でも同じことがいえます。自由記述は避けましょうと述べましたが、どうしてもデータに現れない生の言葉が欲しいという場合は自由記述を採用してもいいでしょう。その場合は、分類法を参考にまとめ、分析をします。

124　　4章　分析方法　～具体的方法と実例～

図4 キーワード出現回数と発話人数の関係性

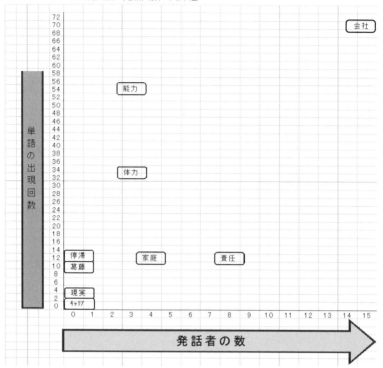

　では、質的研究がメインの場合、それをどのようにして量で分析するのか、という問題が出てきます。よく使われるのがキーワードの抽出です。たとえば、インタビュー内容において、頻出するキーワードを抽出することで頻度や傾向をつかむこともできます。インタビュー内容を分類すると頻出するキーワードがだいたいわかるでしょう。あるいは、先行研究のレビューからモデルの構築や仮説設定の段階で当たりがついているはずです。

MicrosoftのWordであればホームの右端に「検索」があります。

「検索」を選択すると左側に「ナビゲーション」が展開するので、キーワードを入力します。そうするとヒットした件数が表示されます。簡単ですので色々と試してみてください。

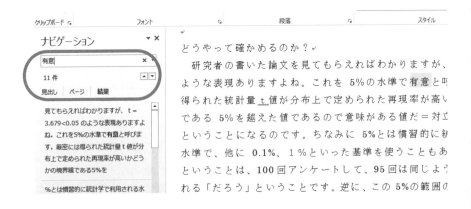

質的研究は数値では表現できない情報を明らかにするという意味では必要です。しかし、量的研究と比較してかかるコストが大きいので、よく考えてからアプローチを決定すべきでしょう。

§9 研究計画書に落とし込む

9-1 実例①

　最後に、これまで述べてきたことを実例に基づいて見ていきましょう。長めの研究計画書です。このような文書を完成させるのはたいへんだと思うかもしれませんが、最終的にはこのレベルにまでもっていかなくてはなりません。この実例の内容は社会学に関するものですが、分野が違う方でもスタイルや流れは同じなので、これまでのまとめだと思ってみていきましょう。

> 1. これまでの学習
> 　学部課程においては、社会学や教育学の視点から国内外の地域振興や教育問題に関する学習をしてきた。卒業論文では、山村地域の公立小学校廃校がどのような政策決定の過程を経て決定されるのかについて研究を行っている。研究途中ではあるが、山村地域の公立小学校廃校は、地域や小学校の規模によらずコミュニティに対して負の影響を与えるという先行研究と同様の結果が予測される。さらに研究を進めるため、大学院では、増加することが予測される都市内部での公立小学校統廃校と地域コミュニティに与える影響に関して研究したい。

　学部での学習から問題意識が芽生えた。それを卒論で研究した。卒論で新たな問題意識が芽生えた。だからそれをさらに深く追究したい。動機のところで見たように研究するためのストーリーができ上がっています。

　次は研究テーマに関する背景の説明です。無くてもよいのですが、あると動機が明確になり読み手への説得力が増します。

2. 先行研究

2-1 背景

　文部科学省中央教育審議会によって 2015 年 1 月「公立小学校・中学校の適正規模・適正配置等に関する手引き」が策定され、約 60 年ぶりに学校統廃合の手引きが刷新されたことからもわかるように、公立学校の統廃合に注目が集まっている。高度経済成長期には、既に地方から都市部への人口流出に伴う過疎化が指摘されており、多くの学校が廃校とされた。その状況に伴い学校統廃合に関する研究も限られた数ながらなされてきた。

　しかし、今日ではこれまでの過疎地における廃校の進展に加えて、近年まで公立学校の廃校が注目されてこなかった首都圏において、人口が少なくない地域（特にニュータウン）でも、学齢期の子供の減少に伴って廃校となる学校が生じている。具体的には、東京都の多摩ニュータウンでは、老年人口比率の急速な高齢化と学齢期の子供の数が減少したことによってここ 20 年で複数の公立学校が廃校となった。

　公立学校の廃校からもたらされる負担は、単に地区から社会資本が失われ、子供の通学距離が延び負担になるという可視的な負担のみではない。現在そして将来にわたって、過疎地や都市部といった場所の属性に関係なく、コミュニティに対して与える影響を考慮しなければならない。

　こういう一般論を述べるときに使えるのが、2章で説明した官公庁が発行する白書です。特に官公庁は最大の情報源といっても過言ではありません。どう書くか迷ったら、官公庁のサイトでデータや白書の類を探して読んでみましょう。ネタの宝庫であることがわかります。

　背景の次は先行研究の説明です。構成があまりよくありませんので背景と先行研究は別にしたほうがよいでしょう。

2-2　コミュニティについて

　コミュニティに関する代表的な論者としてマッキーヴァーがあげられる。彼は、初めてコミュニティの概念を定式化した社会学者である。「地域性」「共同性」の両者を備えた基礎的な社会集団という定義を行うとともに、特定の目的を成し遂げるために作られた組織を「アソシエーション」と定義した。今日においては、この概念をそのまま用いることが困難であるという指摘も少なくない。しかし、コミュニティについて論じる対象を学区や学区内の組織（PTAや登下校時に支援する団体など）のようにある程度条件を限定した場合、現代においてもマッキーヴァーの提唱した理論は有用であろう。

　コミュニティを論じる際に重視される論者としてウェルマンがあげられる。ウェルマンは、コミュニティの喪失や存続に関する問題を「コミュニティ問題」と名付けるとともに、従来の二項に加え「コミュニティの解放」という考え方を導入した。ウェルマンのコミュニティ解放論にならえば「ネットワーク」という関係性の存在により、単純に小学校の廃校によるコミュニティへの影響は軽微であると考えることも可能である。しかし、コミュニティ解放論への極端な依存は、コミュニティへの影響を過度に軽視することになりかねない。

2-3　コミュニティの衰退とアソシエーション

　マッキーヴァーは、「専門的な各種のアソシエーションが、今日の共同生活を以前にもまして豊かにしていることに感銘を受けざるを得ない」とその著作の中で述べている。このことから、専門的な各種アソシエーションにあたる学校やPTA、その他支援組織がコミュニティにとって重要な存在であることがわかる。また、以上を踏まえると公立学校が廃校となることはこれらの各種アソシエーションが消滅または、縮小することになるのでアソシエー

ションの衰退がコミュニティに対して悪影響を与えると推察される。

　日本における農村及び都市社会学の大家として鈴木榮太郎があげられる。彼が亡くなってから間もなく50年経過しようとしているが、その言説は今なお重要な役割を果たしており彼の理論や思想が今日の文脈の中で再検討されることも少なくない。『都市社會學原理（増補版）』の中におさめられている正常（鈴木の定義では、『その生活の型を続けていく事によって、少なくとも社会の生活が存続しうるもの』）人口の正常生活の議論のなかでは、学校が重要な役割を持っていることが記されている。つまりこのことから公立学校の廃校は、正常生活を維持するにあたり重要な一要素を欠損することになるため、都市のコミュニティに影響を与えると見なすことが可能である。

　西洋と日本においては、様々な差異から2人の論者の意見を一概に比較することは困難である。しかし、マッキーヴァー、鈴木榮太郎両者の理論および思想からコミュニティ衰退に対して公立学校の廃校が何らかの影響を与えたということは十分に可能である。

2-4　廃校とコミュニティの関係性

　公立学校とコミュニティの関係や公立学校の廃校がコミュニティへ与える影響に関する研究は、高度経済成長期の頃から今日に至るまで、限られた数ながらなされてきた。例えば若林（1974）による学校統合による農山村の過疎化に関する研究では、学区を研究の中心にすえて今日まで引き継がれる公立学校の廃校に起因する問題について詳細に分析している。また近年では、酒井（2004）がその著作の中で地域コミュニティにおける学校の影響力や存在意義について論じている他、村田・橋本・松岡（2001）、また西岡（2013）では、実際に公立学校が廃校となった地域で

の調査結果を踏まえ、コミュニティに対する影響が起こったことを示している。特に、西岡（2013）においては、公立小学校の統廃合によって伝統行事や文化が失われてしまった事例のほか、統廃合の決定と実施時期からそれまで穏やかであった人口減少が急速に進行したという事例が紹介されている。

　論の進め方が時系列的かつ、大家の提唱する大きな理論からだんだんと自分の研究にまつわる具体的かつ小さな研究へと順を追っているのでとてもわかりやすいです。古いものから新しいものへということを意識して作ってみましょう。先行研究のまとめ方としてはオーソドックスな形なので皆さんも是非真似をしてみてください。

2-5　コミュニティの定量的分析
　これまでの「廃校とコミュニティ」を扱った研究では、その多くが人口減少や伝統文化の衰退といった住民に対する意識調査（質問紙調査やインタビュー）の結果を集計したものに留まり、定量的な分析がなされてこなかった。特に住民の意識面での研究は、分析が困難であることによりその傾向が顕著である。
　このような中で住民のコミュニティを定量的に分析する際に利用できる尺度として、住民のコミュニティに対する意識を分析できる、コミュニティ意識尺度がある。コミュニティに対する住民の意識や感覚を定量的に分析しようとする試みは、これまで多くの研究者によってなされてきた。それらの研究の中で、今日の我が国で実際に使用するにあたり最も有効であると考えられるのが、石盛・岡本・加藤（2013）で示されたコミュニティ意識尺度（短縮版）である。これは、石盛（2004）による4つの因子（連帯・積極性、自己決定、愛着、他者依存）と27の項目によって

> 構成されたコミュニティ意識尺度を実用的に改良したものである。
> なおこの尺度の短縮版は、開発者の石盛自身の研究で地方都市、
> 大都市、NPO法人内といった様々な環境において、妥当性を持
> つことが証明されている非常に汎用性の高い尺度である。

　2章で説明したように、「研究されていない」ところをテーマとしています。
オーソドックスなスタイルですが、これで充分です。単純といえば単純なのです
が、このようなものでいいのです。
　次に、具体的な研究の説明に入ります。ここから重要になってきます。

> ### 3. 研究内容
> 3-1 研究内容
> 　公立学校の廃校に関する研究は、上記のように過疎地における
> 公立学校の廃校（特に公立小学校）がコミュニティにどのような
> 影響を与えたのかを解明することを中心としており都市部に関し
> て十分な研究がなされてきたとは言えない。また、これまでの研
> 究では、定量的な分析にまで踏み込んだ研究は少なかった。
> 　このことを踏まえて、今後の研究では、都市部での廃校（地域
> に最も接近している学区を持つということで小学校）がコミュニ
> ティに対して影響を与えることを実証することを目指す。また、
> 本研究においては、これまであまり検討されることが無かった住
> 民の意識に注目し、コミュニティに対する意識に対して影響を与
> えたことを定量的に証明することを目指したい。

　視点が面白いですよね。普通は過疎地の学校の統廃合がすぐ頭に浮かびます
が、都市部での廃校はもちろんあることはありますが、それが地域にどう影響を
与えているかまでは考えません。いろいろとひねっています。

132　4章　分析方法　～具体的方法と実例～

実際の研究計画書にはまだ続きがあるのですが、少し省略します。最後に研究方法の部分を紹介します。

3-3 研究方法

　研究方法としては、石盛・岡本・加藤（2013）で紹介された、コミュニティ意識尺度（短縮版）を利用して公立小学校が廃校となった地区に居住する住民と、公立小学校が存続している地区の住民に対して行政や地域コミュニティの協力を仰ぐなどして、質問紙調査を実施したい。これにより、学校のある地区と無い地区との間での回答傾向の差をみることにより、廃校のコミュニティへ与える影響を明らかにする。その後、アンケート結果について独立な2群の平均値の差に関するt検定を用いて意識の差を明らかにする。加えて、回答結果について先行研究と同様に、因子分析を行うことでそれぞれの地域におけるコミュニティ意識の潜在因子を明らかにしたい。

---

　t検定と因子分析を行う予定ですが、実際に計画書に書く分量はたったこれだけです。教官のなかには方法論を重視してもっと具体的な説明を要求する人もいますが、この程度であとは文字数に合わせて調整しましょう。3章で学んだ程度の統計の知識で面接には対応できるでしょう。

9-2　実例②

　もう一つの実例は経営・MBA系の研究計画書です。約2000文字で一般的な分量です。仕事から得られた問題意識とその解決を大学院での研究に求めるものです。

志望理由

　現在私は、国内部品メーカーのM&A担当部署の一員として業務に携わっている。これまで同業他社の国外・国内メーカーの買収数社の案件に関わり、主に買収先との統合に関する業務を中心として行ってきた。

　これまでの業務を通して感じるのは国内企業同士の統合の難しさである。買収前には見えてこない固有の文化や、細かな規則、制度等これらは事前にはっきりとわかるものではない。純粋に技術力であったり、財務内容であれば客観的な評価は事前に知ることはできるが、このような固有な文化については特に国内メーカーの場合、知識としては知っていても組織内に実際にはいってみなければわからないため、統合のための大きなコストと長い時間を費やすこととなる。

　また買収先となる企業の多くは経営不振に陥った企業であるケースが多くそのためのリストラを行うこととなるが、既存従業員からの抵抗が多く、仮に行えたとしても従業員のモチベーションやロイヤリティの低下を招き、業績が悪くなるという負の循環に陥るのである。これは外国企業と比較して国内企業に顕著に見られる。これまで様々な試行錯誤を繰り返してきたが、私個人の知識だけでは限界があり、もう少し俯瞰した視点から解決方法を探る必要性を強く感じていた。

　加えて、今後のキャリアを考える上でも自身の専門性を磨かなければ、これからのグローバル化に対応できなくなるという危機感もある。貴大学院では実務での経験と知識を兼ね備えた先生方や、同級生との議論を通して様々な課題について考えることができる。このような環境に身を置くことで自身が抱える問題意識の解決を図り幅広い視野と、必要とされる専門性をさらに高めることができるのではないかと期待している。

研究計画

1. 研究テーマ
M&A における従業員の処遇について

テーマはなるべく短くシンプルに、長くなったらサブタイトルで補足です。

2. 背景
　わが国の 90 年代以降の生産性低迷の一因として淘汰されるべき生産性の低い産業が淘汰されず、適切な資源配分がなされないことが指摘されてきた。そのような生産性の低さから脱却するための一つの方策として、M&A は迅速な事業展開や再編、シナジー効果の実現など重要な役割を果たすとされている。つまり、シナジー効果や企業再編を通じ、企業の生産性向上と収益率を上昇させると考えられるのである。従って M&A には、日本経済が以上のような長期にわたる生産性低迷と低成長から脱却する鍵としての役割が期待できる（落合・深尾，2006）。

3. 研究内容
　本研究計画では、自身の経験を踏まえてわが国における M&A に焦点を当てていく。わが国における M&A は件数が増加したものの未だ欧米に遅れをとっている。M&A の有効性が認識されているにもかかわらず、M&A 市場の未熟さや、企業を売買することへの拒否感などから、積極的な M&A をためらう経営者が多い。
　わが国の M&A では対等の精神、コンセンサスが強調され、人・組織の融合に様々な調整作業が発生し、統合スピードが遅れることによりシナジー効果が現れるのに時間がかかる、もしくは

享受できないという問題がある。

　私は所属する組織で、M&Aを担当する部門の一員として事業部門や子会社の売買に携わってきた。その中でも特に問題となるのが暗黙の契約の存在である。わが国固有の長期雇用・年功賃金といった経営者と労働者の暗黙の契約である。M&Aによりこの契約が破棄された場合、企業内での協調的な行動・集団としての人的資本の蓄積といった内部労働市場のメリットが活かされなくなる。事実、自社の案件で買収会社の賃金体系の見直しを行ったところ、従業員のモチベーションが著しく低下し、オペレーション不全を生み、業績悪化に繋がり、大きな問題となった。米国とは異なり、わが国では容易く人事や給与体系を柔軟に動かすことはできず、シナジー効果を生み出すことが困難である。

　そこで本研究計画では、以上の固有の問題を踏まえ、有効なM&Aの構築について人事制度の面からの分析・検証を行うことを目的とする。

　内輪で使われる言葉でない限り、専門用語は積極的に使っていきましょう。文章が短くなる分、情報をさらに詰め込むことができます。この内容の説明は少し長いので、削れる余地がまだあります。目的を具体的にすると、よかったかもしれません。

4．研究方法

　本研究計画では以下のような手順で研究を進めていく。

　Ⅰ　先行研究の調査を通して、日米におけるM&Aの理論のまとめと、問題点について探る。

　Ⅱ　M&Aの事例分析を過去関わった案件を元にして行う。

136　4章　分析方法　～具体的方法と実例～

Ⅲ　Ⅱから得られた知見を元に、成功／非成功したケースの賃金、報酬、雇用年数等、人事や賃金制度について差の検定を行う。また、例えばシナジー効果として売り上げの増加率を被説明変数、賃金制度を説明変数とした回帰分析も行う予定である。

Ⅳ　現在進行中の案件においてモデル利用可能性を検討し、案件へ利用する。

9-3　実例③

　次は看護系の研究計画書です。看護系の業務は専門化が進んでいますので、そこに携わる人も元々問題意識が高い、あるいはテーマが始めから決まっている場合が多く、日頃から勉強会で知識を習得したり、学会に参加して発表したりということに慣れているようです。そのため、他分野の人よりも小論文や計画書の作成についても準備しやすいといえます。

1.　研究テーマ
ストーマ*ケアにおける関連するアセスメントツールの策定
（*ストーマ＝人口肛門）
2.　研究の動機と目的

〜中略〜

皮膚・排泄ケア認定看護師が約2000人おり、全国でストーマ外来をもつ病院が増えるなか、ストーマケアにおける地域連携も益々重要となると考える。オストメイト（人口肛門装着患者）が退院後も、質の高いストーマケアを受けられるためには、医療機関における皮膚・排泄ケア認定看護師と、訪問看護師がストーマ

§9　研究計画書に落とし込む　**137**

ケアにおいて共通した問題意識をもつことが必要である。問題発生時に訪問看護師が、簡単にアセスメントできる基準を策定し、スムーズな看護、地域連携に役立てたいと思い今回この研究を行うこととした。

目的：ストーマケアに関連したアセスメントツールを作成する

　この実例を書かれた方は当初、人口肛門外来を専門とした中核病院と地域医療機関との連携をテーマとしていました。ただ地域連携がうまくいっていないという問題の先が絞り切れていませんでした。よく聞いてみると、訪問看護師からの問い合わせが多く、中核病院としての役割が果たせていないという問題がありました。そこで具体的に何が問い合わせとして多いのか聞いてみると、「ストーマ交換のタイミングがいつなのか」「ストーマによる褥瘡をどう処置していいのか」ということが具体的な問題点としてわかったのです。そこから普段あまり慣れていないストーマに関する判断基準があれば、訪問看護師からの問い合わせが減り結果として中核病院と地域医療機関との連携がうまくいくのではないかと考え、このテーマにたどり着きました。

　2.　研究内容の背景
　　文献検索は、Jdream III 2000 年〜2012 年までについて行った。キーワードは、「ストーマ」and「在宅」and「地域」and「訪問看護」で検索し、入手した論文と抄録について検討した。
　　梶原 2）らは「地域連携を有効に機能させるためには、今後医療機関と在宅療養機関との地域の有機的連携が必要である」と述べており、皮膚・排泄ケア認定看護師が専門的にケアに関わることにより、ストーマケアを充実させ、また医療機関、在宅療養機関のかけ橋になることが考えられる。

ストーマケアと地域連携の現状を調査した高橋 3) らは「ストーマケアの地域連携はもっと密なそして継続的な連携が望ましいと考える」と述べており、患者の日常生活に密着したストーマケアにおいて、医療機関のみで完結するのではなく、その後の在宅ケアにも継続できるような指導が必要であり、また訪問看護師もストーマケアにおける知識や技術の向上が求められると考えられた。

〜中略〜

　現在ストーマケアにおけるツールとしては、ストーマ周囲皮膚障害を得点化できる「DET スコア」、ストーマ周囲皮膚障害のアセスメントに役立つ「診断基準」、ストーマ皮膚障害の重症度を評価する「ABCD　Stoma」がある。しかし、これらツールを日常的に使用してストーマ周囲の皮膚を評価している医療機関はまだ少ないようである。

　DET スコアを取り入れたストーマケアの研究をした中島らは「DET スコアを導入前に、DET スコアの内容を知らないと答えたスタッフがほとんどであった」と述べている。これらスコアは、誰もが共通言語により評価し、ストーマ周囲皮膚障害の得点化、経時的に評価していけるものではあるが、評価項目の表現が難しかったり、たくさんの評価項目が存在しており、医療機関にもまだ定着はしていないものと考えられる。

〜中略〜

　以上のことより、日本におけるストーマケアのツールは、ストーマ周囲皮膚障害に特化されていることや、評価項目が多様である等、医療機関においても定着は遅れている。在宅ケアの重要性が高まるなか、ストーマケアにおいて誰がみても判断できるような簡便なアセスメントツールがあれば、早期にストーマケアにおける問題に、専門的視点から介入することができると考えられる。

§9　研究計画書に落とし込む　**139**

3. 研究の意義
　ストーマケアに関連したアセスメントツールを用いることで、地域看護師との連携をスムーズに図ることができる。ストーマケアにおける問題の早期発見、介入によりオストメイトのQOLの向上に繋げることができる。

　ここまでのところで、問題意識から簡便なアセスメントツールを作成するという研究目的までうまく狭められているのがわかると思います。またアセスメントツールをゼロから開発するのではなく、既存のものをいかに使いやすいものにするのかという点から見ても実現性の高さがうかがえます。

4. 研究方法
　先行研究、既存のアセスメントツールを調査した結果、簡便なアセスメントツールの作成を行う

1）アセスメントツールを作成する
1)-1 ストーマ排泄リハビリテーション学会、WOC学会での議論の調査
1)-2 先行研究の調査
1)-3 日本における既存のアセスメントツールの比較分析
1)-4 ヨーロッパ諸国におけるアセスメントツールの分枡
1)-5 ストーマケアにおいて訪問看護師への現状を聞き取り調査

2）評価
2)-1 対象者：訪問看護ステーションに所属している訪問看護師
2)-2 作成したアセスメントツールを用いて皮膚・排泄ケア認定看護師へのコンサルテーションを実施した訪問看護師へ、アセス

メントツールの評価に関するアンケートを実施する。

　この実例の場合、統計分析がないので、「訪問看護ステーションに所属している訪問看護師、ストーマケアに関わっている訪問看護師に、作成したアセスメントツールを使用した前後での評価得点を t 検定によって検証する」としてもよかったかもしれません。また看護系、医療系、心理系の人は特に、どうやってサンプルを集めるのか、内容が倫理に反していないかという点も含めて評価される場合があります。特にサンプルの収集（協力者をいかに集めるのか）という問題は重要です。したがって、たとえば現役を退いていて協力を得ることが難しい場合などは詳しく研究の実現可能性も含めて別の手段を説明する必要があります。

　落とし込んだ具体例を見て、さてどうでしょうか。皆さんも書けるような気がしませんか。実例①は内容が多いですし、審査の厳しい大学院でしたので約3か月もかかり、時間が必要でした。しかし、方法さえ理解してしまえば皆さんも書けるはずです。実例②や③は既にやりたいことが明確だったので、本書で説明した方法に従えばすんなりと書けてしまいました。このことからもわかるように、問題意識ややりたいことを明らかにするのが先決なのです。

§9　研究計画書に落とし込む　　**141**

補足 ― データの集計

データは下の表のように、数値で表せるようにします。たとえば、性別が男性の場合は1、女性の場合は2とはじめから選択できるようにしておくのもよいでしょう。また、住んでいる場所を分析対象にしている場合、関東に住んでいる人は1、東北は2、……というように、後で集計しやすいようにあらかじめ数値化しておきましょう。

A	B	C	D	E	F	G
number	sex	age	area	married	child	job
1	2	8	3	2	1	3
2	2	9	2	1	1	1
3	2	8	8	2	2	3
4	2	9	3	1	2	5
5	1	9	3	1	2	3
6	2	10	1	1	2	5
7	2	9	4	1	1	11

たとえば結婚している人を1としている場合、countif関数などを用いて「1」の個数を求め、それを総数で割れば回答者の結婚率を求めることができます。

1	2	2	9
4	2	2	2
4	2	2	6
=COUNTIF(E2:E101,1)			
35%			

結婚についての分析でもう少し細かく聞きたい場合、離婚を3、婚約中を4とするというように考えてみてください。

アンケートであれこれたくさん聞いてみたいという気持ちはわかります。しかし、「『いいえ』と答えた人は質問10へ〜」というような枝分かれになるような複雑なものは避けましょう。集計はできますが、おそらく一つのワークシートで表そうとすると、質問を飛ばした分だけ空白が生じますし、その部分だけを飛ばして計算するのは面倒な作業になります。

回答者は任意で答えてくれるのであり、手間をかけてもらっているという点と、後の集計が難しくなるという点に配慮して、さらにワークシートの行には回答者、列には質問項目が入るということをイメージして、のちのち困らないよう

142 4章 分析方法 〜具体的方法と実例〜

にしておきましょう。

また、countif関数を使わなくても、Excelのフィルター機能を使えばもっと簡単に目的別にデータを振り分けることができます。たとえば、子供がいる人、いない人の回答をそれぞれ別にデータを表示させたい場合はフィルターで簡単に分けることができます。次のように、〔データ〕タブに〔フィルター〕というメニューがありますので、これを使います。

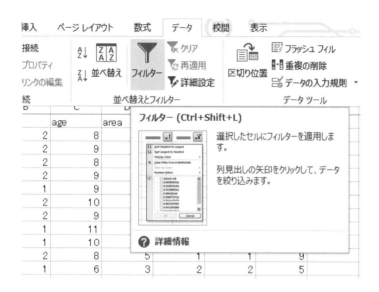

注意してもらいたいのは、フィルターは一番上の行を変数名として認識するということです。あらかじめ変数名を入力しておきましょう。

変数名の横に矢印が表示されるのでクリックして展開すると、次のように直感的に振り分けをすることができます。

たとえば、子供がいる（＝1）だけを表示させたいときは、「1」だけを選択します。すると、次の図のように子供がいる人だけの属性を表示させることができます。一方、子供がいる人の職種と、子供がいない人の職種に傾向の違いがあるのかという分析を行いたければ、フィルターで振り分けます。後は、別のワークシートに「1」のデータと「2」のデータをコピーすれば比較分析ができるようになります。

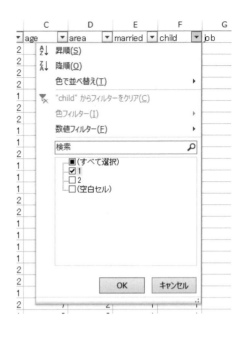

このフィルター機能を使えば、「1」と答えた人だけ、平均○点以上の人だけというような抽出を簡単にできるようになります。関数やマクロあるいは、他のデータベース分析ソフトを利用しなくても、十分に直感的に使うことができるので便利です。

05

実際への応用
〜研究計画から修士論文へ〜

前章で研究テーマの見つけ方や分析方法とそれを研究計画
書にどのように落とし込むかについて見てきました。本章では
その計画書が実際に修士論文としてどう具体化されたのかをビ
フォア・アフターで見ていきましょう。

研究計画書

　まずは研究計画書から見ていきましょう。下の実例は、心理学に関する研究内容ですが、これまで皆さんが見てきたスタイルと同じです。特に難しいことを述べているわけでもありませんので先入観をもたずに読んでみてください。

〔研究計画書の実例〕

> 青年期の子どもにおける家族ストレスと親からの独立
>
> 1. 先行研究
> 　青年期では、家族と一緒にいることがストレスとなる場合、親と子供の距離感が適当に保てていないためにストレスが生じると考えられる。通常、年齢を重ねるごとに脱衛星化し、家族との距離が適度に保てるようになるのだが、これがうまく機能していないのである。皆川・村井・渡部（2004）は、対処とソーシャルサポートが青年期を通しての家庭・家族のストレスの改善に及ぼす効果についての研究で、「中学・高校の時期においては家族の支えが重要であるが、大学生になると、家族の支えの重要度は低くなり、代わって友人の支えが重要になる。」という結果を示した。一方、皆川・村井・渡部（2003）の研究では、青年期の子どもの発達課題の一つとして、親からの自立をあげている。森（1989）によれば、親離れは分離依存の葛藤、同性親との競争、親の命令・束縛への拒否、反抗、親に秘密を持つことを経験しながら、やがて劣等感を得て、親への愛情と信頼を回復していく過程である。この考えをふまえ、皆川ら（2003）は、中学・高校・大学の各年代における親とのもめごとの影響について分析を行ってお

り、最も強い家族ストレス状況として高校時代が一番多くあげられた。子どもが十代の時期の家庭の主要課題として子どもの自律性と親の介入に関する家族ルールを再規定することがあり、「家庭生活に関しての親とのもめ事」は家族ルールの再規定をめぐっての葛藤をあらわすものと思われる。」と示した。一方、渡辺（1996）は、青年期の子どもをもつ家族の発達課題の特徴について、Carter & McGoldrick の家族ライフサイクル仮説を取り上げ、子どもと両親間の価値観の相違が顕著になり、親自身が夫婦関係や子どもの自律に意識を向け、家族の境界の柔軟性を増すことが求められる時期であると指摘している。この考えをふまえて狐塚（2011）は、青年期というこれまでの親子関係から再調整が求められる時期に、家族関係やコミュニケーションのあり方を検討し、青年期の子どもの視点から父母間、父子間、母子間という3者間の家族構造を類型化し、家族内のコミュニケーション、ならびに子どもの認知する家族ストレッサーとの関連について性差を加えた分析を行った。分析結果によると「青年期の子どもの認知ストレッサーが低い家族構造は、父母間のみならず父子間が結びつきという親密なつながりで結ばれた関係を基盤として、各関係で率直なコミュニケーションを介した相互交流が行われていることがわかる。加えて勢力に着目してみると3者で均衡している構造、つまり親子のどちらかが家族内で一方的に強い影響力を持つといった構造ではなく、3者の対等な関係を意味しているものと考えられる。親のみならず青年も家族内の事柄に対して影響を与え、決定することができるといった、子どもの自己決定を促し尊重するような柔軟な構造形態を示しているものと考えられる。また青年期の親子間では、ある程度分離が促進され、親の過干渉が低い可能性が推察される。」ことを示した。

　以上の先行研究から卒業研究では、青年期の子どもにおける家族ストレスと親からの独立の関連性について分析を行う。

§1　研究計画書　　**147**

2. 研究内容及び仮説

先行研究から青年期における家族ストレスは、主に親子関係が原因になっていると考える。またそれは、狐塚（2011）による「青年期の親子間では、ある程度分離が促進され、親の過干渉が低い可能性が推察される」という意見と同じ見解で、年を重ねるごとに親子間での干渉が減り、青年期の子どもの家族ストレスが減っていく傾向にあると考えられる。以上をふまえると、青年期の子どもが親からある程度の独立ができていれば、家族ストレスが少なく、独立できていない場合は、家族ストレスが多いと考えられる。

〔仮説〕

親からの独立度が高いと、家族内ストレスを抱きにくい。

親からの独立度が低いと、家族内ストレスを抱きやすい。

3. 研究方法

研究内容で示した仮説検証を行うため、調査は○大学に通う学生で『非行の心理』を受講する生徒に対し、質問紙による調査を行う予定である。調査期間は△△年7月の上旬から△△年8月の上旬に実施する予定である。

親からの独立度を測定するため、木内（1995）の独立・相互依存的自己理解尺度を用いる。また青年期の子どもの家族ストレスを測定するため、親子関係における親からのストレッサーに焦点を当てた、林・小杉（2003）の家族ストレッサー尺度を用いる予定である。本尺度は24項目で構成されており、「無関心」、「不和」、「親への不信感」、「過干渉」の4因子構造である。本研究計画では、「親が兄弟を比較する」という項目を除外した23項目を使用し、「まったくあてはまらない」～「よくあてはまる」の5件法で回答を求める予定である。

参考・引用文献

　狐塚貴博（2011）「青年期における家族構造と家族コミュニケーションに関する研究—青年の認知する家族内ストレスからの検討—」，家族心理研究第 25 巻第 1〔号〕30-44 頁

　皆川修正・村井則子・渡部純夫　（2003）「青年期における家庭・家族のストレスに関する研究—回想法による中学・高校・大学時代の比較—」，総合福祉学研究第 1〔号〕59-77 頁

　皆川修正・村井則子・渡部純夫　（2004）「青年期における家庭・家族のストレスに関する研究（2）—対処およびソーシャルサポートの効果の検討—」，総合福祉学研究第 2〔号〕35-52 頁

　（以下，略）

　これも今まで説明した順序に沿っています。内容そのものを理解するのは難しくても、一文一文の繋ぎの言葉が丁寧でわかりやすいように感じたのではないでしょうか。

　大学院入学後に研究テーマが研究計画書に書いたものから変わることが多々あります。おおよそ半分程度の人がそのような状況になるようです。上の実例でいえば、「家族」という括り方は同じですが、後で挙げる修士論文の具体例では、父親と娘の関係性が娘の社会観（仕事への積極性）にどのような影響を与えるのか、というより具体的な内容に変わっています。

　皆さんも、もし変えるようなことがあれば、テーマをもう一度多角的な視点から点検することが必要です。大学院で学ぶことがその代わりになるので心配は要りません。議論の結果や他の人からのアドバイス、批判をすべて受け入れる必要はありませんが、様々な視点でものを考えることで研究に深みが増し、より良いものになるでしょう。

　では、どの程度のレベルまで掘り下げればいいのでしょうか。修士論文にどの程度のレベルの研究内容・成果が求められるかは大学あるいは指導教官によって異なります。一つの提案として、前もって先輩が書いた論文を見て、どの程度のレベルが要求されているのかを確認しておきましょう。先輩が行った文章作成や

§1　研究計画書

分析を見れば、少なくとも何をすればいいのかぐらいはわかるでしょう。

　先ほどの実例では、ゼミでの議論を通じて具体的な目的が曖昧であることに気づき、「親」を父親と母親というように分解しました。そして、母親＝娘間の研究が主流であったため先行研究の調査を進めてみましたが、多くの部分で分析がなされていたため、研究の余地がないと判断し、もう一方の父親＝娘間であればどうだろう、というように研究の方向性を調整していきました。

§2 修士論文の構成 — 背景と問題意識

　ここでは文章の作成と分析の両方を取り上げています。まずは研究の順番を次のように設定して進めてみてください。

> ① 問題意識（テーマ設定）
> ② 先行研究の調査とそのまとめ
> ③ 仮説設定、または方向性の決定
> ④ 詳細な研究デザイン（アンケート作成、モデルの構築）
> ⑤ アンケート、インタビュー、……
> ⑥ 得られたデータのまとめ
> ⑦ 統計処理
> ⑧ 文章作成

　特に、量的研究でアンケート調査を行う場合は、データの取り直しはできませんので、ある程度余裕をもって質問項目を少し多めにするか（でもたくさんはダメですよ）、どのような分析をするのかを決めてからアンケートを作成しなければなりません。

　文章の作成については、前章で書いたように1章から書く必要はあまりないでしょう。よく「構成から考えましょう」といわれます。確かにそうです。データを利用しないような論文であれば特にそうでしょう。「1章は～、2章は～」と形式を重視して最初から書くことも大事です。しかし、論文の作成それ自体は別にそうしなければならないというルールはありません。どこから書いてもいいのです。「研究計画書で骨子をしっかりとしましょう」と述べました。それさえしっかりできていれば、後は書きやすいところから書き始めて構いません。ある程度ざっくりと書いて、分析とインプリケーションの記述が終わってから1章を完成させたほうがいいことさえあります。

　次に分量について述べます。これも大学院によって異なります。本章で取り上げた例は32字×25行で50ページ弱の分量です。図表や引用文献を除くと、そ

の約 6 割で約 24,000 字程度です。量的研究ですので、質的研究よりも文章量は少ない傾向にあります。一般的な論文となると、もう少し少なくなります。

　先ほどの研究の流れを吟味し終えたら、実際に文章化してみましょう。構成は次のようなものが定番といえます。

はじめに	20%〜
背景	10%〜
先行研究	20%〜
分析	20%〜
結果	10%〜
考察	20%〜

どれも重要といえば重要ですが、あくまでも参考です。

　では、研究計画書からどのように変わったのか、例を挙げながら論文の作成について見ていきましょう。ここでの実例では、問題意識の説明と先行研究の紹介を同時にしています。一般的に最初に「はじめに」として、研究の時代的背景や研究のおおまかな方向性、研究者の問題意識を書きます。あるいは、文章の構成を説明する場合もあります。このような違いは単にスタイルの違いなので、こだわりのある人、受験する大学院からの指定がある人、大学院にある慣習がある人はそれらに従って書いてください。どうしても書き方がわからないというのであれば、集めた論文の中から自分の好きな文体を探して真似てみることです。実際に論文をたくさん読んでみればわかることですが、書き方は似たり寄ったりなのです。特別にこうしたいというものがないのであれば、先行論文を参考に自分の好みを少し反映させる程度でいいのではないでしょうか。

　　背景
　　近年、男女共同参画社会を目指し、女性の雇用労働化と社会進出が求められている。厚生労働省雇用均等・児童家庭局の「平成 24 年版働く女性の実情」によると、平成 24 年の女性の労働人口

は 2,766 万人と前年に比べ 2 万人減少し、男性は 3,789 万人と、33 万人減少した。この結果、労働力人口総数は前年より 36 万人減少し 6,555 万人となり、労働力人口総数に占める女性の割合は 42.2％となった。これは、前年度に比べると、0.2％の減少となる。今後女性の社会進出の促進にあたり、その要因に関する詳細な解析が必要となる。

　以上のような女性の社会進出が求められる一方で、伝統的な性役割モデルとしてのいわゆる専業主婦からキャリア志向への変化によって、女性の社会参加や労働に対する価値観もまた変化し、ゆらぎつつある。後述するように母子密着型社会としての特徴が指摘されてきた日本において、特にこれから社会に出ようとする青年期の女性にとってこの変化に価値観へのゆらぎと葛藤を抱えたまま対応せざるを得ず、困難なものとなっている。母子密着型社会における青年期の女性は母から多くの影響を受ける。その弊害として社会参加への消極さや自立の難しさと、社会参加のロールモデルである父親の存在感の薄さが挙げられる。このように考えると、青年期の女性の社会進出において、身近なロールモデルとして父親の存在が重要となると考える。したがって、本研究では以上の問題意識をふまえ、青年期の女性の父親イメージと仕事観の関係について分析したいと考えた。そこで、まず、母子関係と父子関係の先行研究について整理しておく。

　では次に、先行研究の紹介の仕方を述べます。2 章で説明した先行研究調査で集めた論文や資料がここで役に立つでしょう。よく「先行研究をどう取り扱ったらいいかわからない」と質問されます。この点については前章で述べているので、ここでは「具体的にどう文章として見せるか」ということについて説明します。論文や資料を一つひとつ読み込んで……というのを想像すると思いますが、研究者はそのようなことはあまりしません。読むのは論文のサマリーと、気になった部分や自分の研究に必要なところだけです。

例にもありますが、引用する量は一つの論文において5〜6行程度でしょうか。精読するのは引用件数が多いものか、最も自分の研究に近いものでいいでしょう。よって、サマリーからの引用＋気になる部分（もしくはオリジナリティの高い部分）を文章化するというイメージをもちましょう。

また、注目してほしいのは文のつなぎ方です。接続詞と語尾をうまく使えさえすれば文章はなんとかなります。実際に、文章が上手に書けるようになった人を多く見てきました。皆さんもあまり深く考えず、前章でも説明したように

① 羅列や箇条書きをする。

② 集めたもののサマリーを抜き出して、

③ 接続詞で繋いで展開する。

という手順を実践するのみです。

先行研究を時系列や発展順、横に広げる、縦に深めるなど、どうやってうまく簡潔に見せるか、悩むところだと思います。本章の例では研究内容が親子関係ですので、分類は親子関係→母娘関係→父娘関係とシンプルかつわかりやすい分け方になっています。先行研究がメインのサーベイ論文や、言説を積み上げていく論文であれば様々な視点での分類は必要でしょうけれど、分析がメインの場合はこれくらいがちょうどよいでしょう。分量としては、全体の約 1/4 〜 1/3 です。

親子関係と仕事観の関連

では、青年期の女子が仕事をどのように捉え、また親子関係がそれにどのような影響を与えるのだろうか。例えば、松浦（2005）は、母親の就労が青年期女子の仕事に対する価値観に及ぼす影響について検討した。専業主婦であることが子どもの発達にポジティブに影響すると捉える傾向が強いほど、性役割の平等主義的態度が低くなることが示され、専業主婦を肯定する背景には、母親の就労が子どもの発達に対してデメリットをもたらすのではないかという不安が内包されている可能性を示すとともに、そうした不安が平等主義的な性役割を低め、伝統的な性役割を促進させていると考察した。また松浦ら（2008）は、娘の仕事に対する価

値観を父親・母親・青年期の娘の３者から検討した。その結果、父親自身の仕事への満足感と娘の仕事価値観の高さに関連が認められたことに対し、母親の仕事への満足感と娘の仕事価値観の間にはほとんど関連がないことが示され、働くという直接的なイメージは父親から作られる可能性が示唆された。これに関連して、中丸ら（2010）が女子学生を対象として行った父娘関係の研究から、娘が父親を内在化するカテゴリーとして養育性、社会性、異性性が見出された。社会的存在として父を身近に感じ、社会への水先案内人として父を見るようになっていたと主張している。このように家庭の人である以上に社会の人であり、規範や権威、威厳を娘に示し、また娘を社会へと導く案内人として内在化された父親イメージを「父親の社会性」と名付けた。さらに、岩永ら（2009）は、父親と娘の関係が娘の仕事観に及ぼす影響について検討した。父親が娘の意志を尊重し、頼もしく思い、そして頼りにしている関係は、娘に自分が認められていることを感じさせ、仕事で「社会貢献」「知的刺激」など自分を社会に活かそうとする仕事観に繋がっていると示した。また希望する仕事パターンでは娘が父親は自らの仕事を大切にしていないと感じている者は、娘も「働こうという気持ちがない」傾向にあると示唆された。

　以上の先行研究から、現代においても日本は母子密着型社会であり、母子関係と比較して、父子関係が希薄であるといえる。しかし、小此木（2000）が述べたように、子どもが社会化を遂げるためには、父親との３者関係を通してエディプス・コンプレックスを乗り越える過程において社会化される自我を持つことができるようになるといえる。これは青年期の女性の社会化においても父親との関係性は必要となってくる。その一方で、女性の社会進出が求められる現代において、希薄化した父娘関係では、青年期の女性の社会進出において身近なロールモデルたる父親の存在を十分に感じることなく、社会参加しなくてはならない。また父

§2　修士論文の構成 — 背景と問題意識　**155**

娘関係と仕事観では関連が見られており、岩永ら（2009）の研究では、父親が娘の意志を尊重し、頼もしく思い、そして頼りにしている関係は、娘に自分が認められていることを感じさせていると、仕事で「社会貢献」「知的刺激」など自分を社会に活かそうとする仕事観に繋がっていると示した。そのため本研究では、青年期女性の認知する父親イメージと青年期女性の仕事観に関連がみられるかを検討していく。

　引用については、研究の重要な部分であり、実際には厳格な引用ルールがあります。ただ、研究は先人の積み重ねのおかげで成り立っているような面もあります。あまりその点についてはおそれずに……。みなさんがまず気をつけるべきは、出典を明らかにすることです。

　最後に、この実例の研究について少しだけ論評すると、家庭内での父親イメージが青年期女性の将来の仕事観に与える影響を見るという視点は着眼点としてはおもしろいです。現代では父親が旧来の男性像に基づいた存在ではなく、仕事の内容や仕事観について娘の話を聞いたり、娘に伝えたりすることが重要であるという考えが広まりつつあります。しかし、娘と相談や話し合いをせずに母親に任せる父親が多いのも事実です。そのような場合、父親が携わっている仕事や仕事に対する考え方を娘に理解してもらえないこともあります。その点でこの研究は社会環境が大きく変わりつつある現代において、青年期に至るまでの父親と娘はどのような関係にあるのが望ましいのかを提言してくれるものとして研究する価値があると思います。

　ただ一方で、内容的には若干社会学的な内容も含まれていますので社会学的視点、たとえば社会階層に基づく親の文化資本も影響を与えているという視点を加えることも可能です。もともとは、階層による所有資産・知性などを指しますが日本の場合、文化資本を学歴資本と捉える見方もあり、特に父親がどのような学歴・職歴にいるのかが大きく影響を与えています。父親の学歴と所得が高い場合、相応の職業に就き高所得を得ることを子どもにも期待します。そして目的を達成するためのキャリア構築の援助や高い学歴のための学習をさせることが可能

となります。このように文化資本の豊かさ―社会階層―によって子どもの職業もおのずと決まるという考え方もあります。

　また、心理学的な視点からのアプローチとして、父親イメージを見る際に女性の中に潜む男性像、いわゆるアニムスの影響も作用しており、理性、権威、自信、主張のような性質として女性の中で機能をすると考えられています。女性の中の男性性についての先行研究などがあればさらに研究は深まるのではないかと思います。

　ただし、これらのアプローチは研究の視点を広げる、もしくは深める場合の提言です。あくまでも先行研究を展開するための考え方、アドバイスとして参考程度に捉えてください。

§3 分析

3-1 仮説の説明

　先行研究のレビューと、そこから得られた研究の方向性が説明できたら、次は仮説設定に進みます。仮説設定はなくても構わないと説明しましたが、あると見栄えはよくなるでしょう。厳密な研究スタイルにこだわったり、基本に則ることを重視したりする場合は例文のような感じで書いてみてください。「仮説」という括りがなくても、「研究目的」という節を設けて改めて先行研究を踏まえてどんな研究をするのか、仮説と同じ程度の分量で説明したほうがわかりやすくていいと思います。

仮説

　岩永ら（2009）の研究では、父娘関係と娘の仕事観において関連がみられることが示された。また、parsons（1955）の理論から父親の「道具的機能」とは、家族という集団を上位集団である社会に関係づけることであり、子どもが社会に出ておとなとして自立できるよう母親への依存から引き離し、家族を社会と関係づける役割を果たすと定義した。母親の「表出的機能」とは、家族集団内部の調整を図り、内部的緊張を解きほぐして家族間のコミュニケーションを保つ動きであり、子どもの直接的な養護に携わるというものであると定義した。

　これまでの先行研究から本研究における仮説として、青年期の女性の父親イメージは、娘の仕事観に影響を与える。上記の研究を踏まえれば、1と2の仮説が考えられる。

5章　実際への応用　〜研究計画から修士論文へ〜

1. 父親に肯定的なイメージを抱き、道具的な役割として捉えている青年期の女性は仕事価値観が高い。
2. 父親に否定的なイメージを抱き、表出的な役割として捉えている青年期の女性は仕事価値観が低い。

　二つの仮説を見比べると、その違いは（単純に言えば）アンケートによって得られた値が高いか低いかという点です。因子分析という複雑な分析をするにしても「△△の傾向があるので、○○が高いという結果が得られた」というところに落とし込むわけです。もちろんそれほど簡単でもないのですが、もし、「難しいからやっぱりダメだ……」と考えている方がいたら、実際にはこの程度なので安心して研究に臨んでほしいと思います。

3-2　対象の説明

　研究対象の詳細や、「どうやって、いつ、どこでアンケートをしたのか」を説明します。アンケート（＝尺度）も併せて説明しましょう。

方法

調査対象
　大学に通う学生（大学2年生から4年生）○名に実施した。

調査期間
　20××年△月。

調査方法
　講義の時間内でアンケートの詳細について説明し、回収した。無記名自記式の調査票を集団配布した。調査票の構成は、○大学

§3　分析　　**159**

に通う女子大生に対して、父親イメージ尺度、仕事観尺度、フェイスシートで構成された。

使用尺度：
1）父親イメージ尺度（深谷・森川，1990）
　本尺度は、子どもから見た父親のイメージを問う56項目で構成されている。「リーダー性（19項目）」因子、「母親的あたたかさ（12項目）」因子、「扱いにくさ（7項目）」因子、「明るさ（5項目）」因子、「きちょうめんさ（4項目）」因子、「メカ（3項目）」因子、「幼児性（3項目）」因子、「健康（3項目）」因子の8因子構造である。

3-3　結果の説明

　生データ（得られたデータを統計処理する前のデータ）の概要を説明するものを基本統計量といいます。これを求める機能はほとんどの統計解析ソフトに備わっています。前章の統計の前半部で紹介した、平均や中央値、標準偏差といった値を示して、概要説明をします。

　Excelではもうお馴染みになった〔データ分析〕のメニューの中に〔基本統計量〕があります。

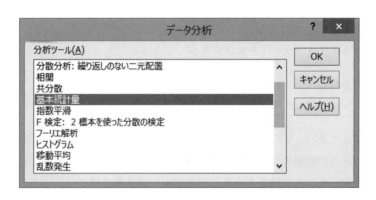

Table1　仕事観尺度の基礎統計量

項目	最小値	最大値	平均値	標準偏差
1. 仕事は人生に充実感をもたらす	1.00	4.00	3.23	.66
2. 仕事は自分の人生を豊かにする	1.00	4.00	3.26	.63
3. 仕事で頑張るには家族の理解が大切である	1.00	4.00	3.35	.64
4. 仕事は自己実現の場である	1.00	4.00	3.01	.71
5. 仕事は自分にとって生きがいである	1.00	4.00	2.72	.82
6. 自分にとって仕事は余り大きな価値をもたない	1.00	4.00	2.18	.84
7. 仕事がうまくいくことは子育てにも良い影響を与える	1.00	4.00	3.06	.69
8. 仕事を通して自分が成長する	2.00	4.00	3.53	.54
9. 仕事をしない人生はむなしい	1.00	4.00	2.93	.85
10. 仕事は家族と関わる時間を奪う	1.00	4.00	2.87	.67
11. 仕事は自由の時間を奪う	1.00	4.00	3.13	.70
12. 仕事は人生の多くの部分を奪う	1.00	4.00	2.58	.86

● 分析の際の注意点

　分析は 1 回で終わるものではありません。様々な視点から、複数の検定方法を用いて結果を導き出します。目的も方法も対象も決まっているし、Excel で簡単に計算できるのだからそんなに何回もやることはないと思われるでしょう。

　確かにそうです。しかし、実際にやってみると数多くの面倒なことに直面します。本書を読まれるくらいですから、読者の皆さんには統計処理ソフトの操作に不慣れな人も多いことでしょう。また、学校の授業で少し触れた程度で理解できるものでもありません。したがって、ぼんやりとしかわからない状態で、手引書のようなものの真似をして作業したり文章を作成したりするのです。時間もかかりますし、たくさんのわからないことが出てきます。

　その際、検定結果も想定したものとはまったく異なるものになるかもしれません。変数を入れ替えたりして、望むような結果が得られるまで様々な分析をすると思います（純粋に真実を明らかにするという意味ではこの行為はグレーゾーンなのですが……）。

　とにかくもやもやとした、正しいのか間違っているのかよくわからない状態でPC の画面とにらめっこをするわけです。当然 Excel のワークシートも増えますし、ファイルの数も増えます。管理しやすいように、ファイルを上書き保存するのではなく、必ず名前を変えて保存し、過去に行った作業を残しておくようにしましょう。Excel の中もワークシートの名前を工夫したり、ワークシートが一杯

になったら新規のファイルにしたり、慎重に作業することを心掛けてください。

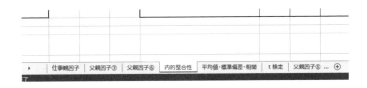

● 因子分析

　右の表は、前章であまり触れなかった因子分析の結果です。因子分析は回帰分析と同様、計算のプロセスが複雑で理解も難しいものです。またExcelに因子分析の機能はデフォルトではついていません。SPSSのような他の統計解析ソフトを使って分析することになります（上の例で使用しているのもSPSSです）。詳しい解説はマニュアル本に譲り、ここではあくまで論の構成と、読み取り方に留めておきます。

　次の図はSPSSによって得られた因子負荷量の多い（アンケートに同じような答え方をする＝共通性が高い）順にまとめたものです。区切りのある線が因子の境界線である、という見方をします。因子負荷量は簡単にいえば、各質問に対する回答傾向と潜在因子との相関係数と理解しても構いません。この潜在因子とは同じような回答傾向を示したものの塊といってよいでしょう。この塊の大きさ（潜在因子の影響力の強さ）を決めるのが表の下のほうにある「固有値」で、これも簡単に因子負荷量をまとめたものと理解しておいてください。

　なぜ、表のように潜在因子が分かれるのかわかりにくいのですが、固有値を折れ線グラフで表したとき大きく変化する部分で分かれます。

Table2　仕事観尺度の因子分析結果（プロマックス回転後）

項目	I	II	III	IV
1. 仕事は人生に充実感をもたらす	**.92**	.01	.02	-.10
2. 仕事は自分の人生を豊かにする	**.90**	.01	.05	-.13
4. 仕事は自己実現の場である	**.73**	.01	.02	-.01
5. 仕事は自分にとって生きがいである	**.48**	.31	-.06	.12
8. 仕事を通して自分が成長する	**.47**	.04	-.06	.27
3. 仕事で頑張るには家族の理解が大切である	**.46**	-.28	.05	.15
15. 家庭のことより仕事を優先させたい	-.07	**.89**	.06	-.11
14. 自分にとって何より大切なのは仕事である	.02	**.66**	.04	.01
16. 仕事のためなら帰宅時間が遅くなっても仕方がない	.05	**.60**	-.00	.12
11. 仕事は自由の時間を奪う	.04	-.05	**.81**	.05
10. 仕事は家族と関わる時間を奪う	.10	.15	**.72**	.02
12. 仕事は人生の多くの部分を奪う	-.05	.14	**.71**	-.03
13. 仕事をしないですむならそれに越したことはない	-.05	-.16	**.55**	.01
20. 安定した仕事についていることは重要である	.08	-.20	-.02	**.69**
18. 仕事をすることは社会への貢献である	-.08	.27	-.04	**.65**
17. 仕事をすることは社会的義務である	-.09	.24	.07	**.59**
19. 仕事の目的は経済的に家族を支えることである	-.04	-.24	.16	**.57**
21. 働くからには昇進したい	.21	.05	-.14	**.40**
9. 仕事をしない人生はむなしい*	.36	-.09	.08	.21
7. 仕事がうまくいくことは子育てにも良い影響を与える*	.25	.15	-.10	.17
6. 自分にとって仕事は余り大きな価値をもたない*	-.09	.33	.09	-.11
22. 生活費が得られれば仕事の内容にはこだわらない*	-.14	.17	.26	-.03
固有値	4.06	2.34	1.56	1.03
因子寄与率	22.55	12.98	8.69	5.75
累積寄与率	22.55	35.53	44.21	49.96

*は因子負荷量が .400 未満の項目

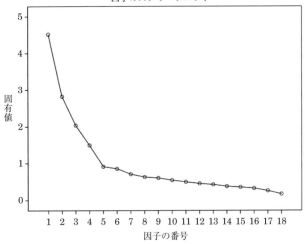

因子のスクリープロット

　次に仕事観尺度22項目に主因子法による因子分析を行った。固有値の変化は4.90、2.95、2.19、1.53、1.33、1.07、…というものであり、4因子構造が妥当であると考えられた。そこで再度4因子を仮定して主因子法・Promax回転による因子分析を行った。その結果、十分な因子負荷量を示さなかった4項目を分析対象から除外し、再度、主因子法・Promax回転による因子分析を行った。Promax回転後の最終的な因子パターンをTable2に示す。なお、回転前の4因子で18項目の全分散を説明する割合は49.96%であった。

　これは、前掲の表（Table 2）の結果をまとめた文章です。いろいろと難しい言葉が出てきました。主因子法とは因子分析の際の一般的な抽出方法です。プロマックス回転とは何でしょう。ここで、回帰分析を思い出してほしいのですが（回帰直線、学びましたよね）、因子分析の潜在因子も回帰直線と似ていて、データに方向性を見つけ出すものです。因子分析の場合は回帰分析よりも多くの変数があるので、方向性としての直線は一つではなく他にもあるのではないかと考え

ます。直線を様々な方法で回転させたり、因子負荷の低い値のものを削ったりして、異なる方向性としての因子を見つけ出すのです。回転の種類にはバリマックス回転やプロマックス回転といったものがあるので、この中から当てはまりのいいもの（明確な結果）を探すのです。例に挙げた結果も、因子分析において変数を減らしたり、回転することで繰り返し分析を行った上で数値の変化を見て、よりわかりやすい値を探したものなのです。

　　第1因子を特徴づける尺度は、「1. 仕事は人生に充実感をもたらす」、「2. 仕事は自分の人生を豊かにする」など仕事に対して肯定的に捉える項目で構成されているため、福丸ら（1999）の研究にならって「充実・自己実現」因子と命名した。第2因子を特徴づける尺度は、「15. 家庭のことより仕事を優先させたい」、「14. 自分にとって何より大切なのは仕事である」など仕事を優先的に捉える項目で構成されているため福丸らの研究にならって「仕事中心」因子と命名した。

　因子には、それぞれ自分で考えて名前をつけます。もちろんその因子に当てはまる名前をつけます。上から第1因子、第2因子、……とよび、アンケート結果で項目の共通性が高いものをまとめたものです。たとえば、表の例でいえば質問1、2、4、5、8、3に関する回答結果は答え方の傾向が似ている、つまり潜在的な要因としてまとめられるということがわかります。

　因子分析は数学の素養がないと非常に理解しにくいものです。筆者は正直なところ、修士課程の2年間だけでは完全に理解するのは無理だと思っています。難しい計算は統計処理ソフトに任せ、やり方と結果の読み取り方だけを理解しておくというのが現実的な解であると思います。そして、実際に多くの人がそうしているはずです。

3-4 多角的な視点による分析

一つだけの分析だけではなく複数の分析を求められた場合、最初に書いたように先輩たちがどのような分析をしていたのかもう一度確認してみましょう。あるいは、先行研究を見直してみれば、何をすべきかわかると思います。簡単なことをいっていると思われるかもしれませんが、突き詰めれば統計処理には多くの手法があるのできりがありません。先人の真似をすることが一番の近道なのです。

前章で紹介したように、統計検定には様々な方法があります。しかし、思い出してください。基本的に検定は差や違いに意味があるのかどうかを確率的に確かめるものです。難しく考えるのではなく、他に差がないか探してみましょう。

たとえば、122ページのアンケート例では、学年と就職活動の有無を聞いていました。学年によって父親に対する考え方に差があるか少し気になりませんか。少なくとも「差はありそう」という推測、ひいては分析の余地が見出せますよね。「既に仕事を身近に考えている人とそうでない人とでは、実際に仕事をしている父親に対する見方に違いがあるか」という分析テーマも考えられそうですよね。このようにして、差を探すことを中心にして考えてみましょう。

4-6 父親イメージと仕事観の学年間による差

学年によって「父親イメージ尺度」、「仕事観尺度」の回答に差が見られるかを比較した。学年を独立変数として、「父親イメージ尺度」の下位尺度である「リーダー性」因子、「包容力」因子、「がんこ親父」因子、「社交性」因子、「几帳面さ」因子、「もの知り」因子と「仕事観尺度」の下位尺度である「充実・自己実現」因子、「仕事中心」因子、「制約・負担」因子、「経済的手段・義務」因子の10得点を従属変数とした。各因子の平均値を算出し、1要因の分散分析を行った。なお2年生71名、3年生80名、4年生71名であった。各群の尺度得点の平均値とSDおよびF値はTable12に示す。

結果として、各学年の「リーダー性」因子の平均得点は、2年

生 60.17、3 年生 62.23、4 年生 58.66 であった。3 年生が一番高い得点を示し、4 年生が一番低い得点を示した。各学年と「リーダー性」因子の群間の得点差は有意ではなかった（$F_{(2, 219)}$ =1.28, n.s.）。各学年の「包容力」因子の平均得点は、2 年生 30.96、3 年生 30.85、4 年生 31.11 であった。4 年生が一番高い得点を示し、3 年生が一番低い得点を示した。各学年と「包容力」因子の群間の得点差は有意ではなかった（$F_{(2, 219)}$=0.02, n.s.）。各学年の「がんこ親父」因子の群間の平均得点は、2 年生 19.54、3 年生 20.20、4 年生 18.46 であった。3 年生が一番高い得点を示し、4 年生が一番低い得点を示した。各学年と「がんこ親父」因子の群間の得点差は有意ではなかった（$F_{(2, 219)}$ =2.27, n.s.）。各学年の「社交性」因子の平均得点は、2 年生 14.92、3 年生 13.26、4 年生 13.13 であった。2 年生が一番高い得点を示し、4 年生が一番低い得点を示した。各学年と「社交性」因子の群間の得点差は、1%水準で有意であった（$F_{(2, 219)}$ =5.31, p<.01）。

　上記では、学年間で分散分析をしてみました。分散分析は複数の変数間の平均の分散比に意味があるのかどうかを見るものでした。2〜4 年生を対象とした、この例のアンケート結果を見るとそれほど違いはなさそうです。どこで見るかというと、F の値です。分散分析は F 検定でした。得られた F 値が有意であるかを見ると違いに意味があるのかどうかがわかります。例文の中の「n.s.」は not significant、つまり「有意でない」という意味の英語の略字です。

　学年間で有意差が見られたのは社交性の質問項目だけだったようです。

§3 分析　**167**

Table12　学年ごとの尺度得点の平均値と *SD* および *F* 値

		I 2年生 ($n=71$)	II 3年生 ($n=80$)	III 4年生 ($n=71$)	合計 ($n=222$)	*F*値	多重比較
リーダー性	*M*	60.17	62.23	58.66	60.43	1.28	
	SD	13.70	12.70	14.91	13.77		
包容力	*M*	30.96	30.85	31.11	30.97	0.02	
	SD	8.26	7.25	8.25	7.87		
がんこ親父	*M*	19.54	20.20	18.46	19.43	2.27	
	SD	4.79	4.98	5.28	5.05		
社交性	*M*	14.92	13.26	13.13	13.75	5.31	II＜I*、III＜I*
	SD	3.89	3.59	3.54	3.74		
几帳面さ	*M*	10.30	10.74	10.13	10.40	0.78	
	SD	3.20	3.00	3.16	3.11		
もの知り	*M*	6.20	5.95	5.69	5.95	1.61	
	SD	1.71	1.57	1.78	1.69		
充実・自己実現	*M*	19.55	18.86	18.90	19.09	1.23	
	SD	2.37	2.86	3.56	2.97		
仕事中心	*M*	5.83	5.86	5.73	5.81	0.09	
	SD	1.90	1.80	2.14	1.94		

　このように分析結果を文章にする場合は、一目で見てわかりやすいように工夫をします。出力結果をそのままコピーして貼り付けるだけでは不十分です。たとえば、最初に変数名を数字やアルファベットに変えて処理しやすいようにするといいましたが、結果を示すときは元に戻して見る人にとってわかりやすいようにします。また、Excel のワークシートをそのままコピーすると枠線がそのままになり、見映えがあまりよくありません。

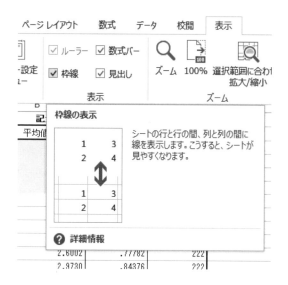

　枠線については、〔表示〕タブの〔枠線〕のチェックを外せば、ただの白い背景にすることができます。

　また、Word上で図表の作成をするのではなく、Excelで作成したのちに画像で貼り付けるようにしましょう。Word上で図表を編集することはできるのですが、面倒なのでなるべく文章だけで済ませましょう。

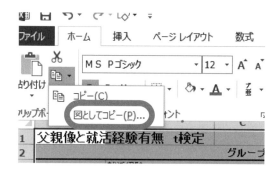

§3　分析　　**169**

§4
考察

　最後は考察です。学生の提出するレポートによく見られるのですが、分析したこととその結果を示したことだけで満足してしまい、その結果がどのような意味を成すのか説明していません。結果はあくまで出力されたデータです。これまでの研究とどこが違うのか、どうして違うのか、などを改めて説明する必要があるでしょう。

5-1　現代の父親イメージについて

　深谷ら（1990）の研究で見出された子どもの父親イメージでは、第1因子に「リーダー性」、第2因子に「母親的あたたかさ」、第3因子に「扱いにくさ」、第4因子に「明るさ」、第5因子に「きちょうめんさ」、第6因子に「メカ」、第7因子に「幼児性」、第8因子に「健康」であった。これに対して本研究で見出された女子大生の父親イメージは、第1因子に「リーダー性」、第2因子に「包容力」、第3因子に「がんこ親父」、第4因子に「社交性」、第5因子に「几帳面さ」、第6因子に「もの知り」であった。以上の結果から、深谷ら（1990）の父親イメージと本研究で得られた父親イメージとでは大きな変化や差異は見られなかった。

　結果として、深谷ら（1990）の研究で見出された「幼児性」因子は、本研究では因子負荷量が.40未満の項目となり除外された。しかし、「幼児性」因子の項目であった「34. 子どもっぽい」、「55. 議論を好む」という項目は、本研究では「リーダー性」の中で見出された。また深谷（1990）の研究で見出された「幼児性」因子であった「33. さびしがりや」という項目は、本研究では「包容力」因子の中で見出された。また深谷ら（1990）の研

> 究で見出された「健康」因子は、本研究では因子負荷量が.40 未満の項目となり除外された。深谷（1990）らの研究で単独で見られた「幼児性」因子が、本研究では単独では見られず「リーダー性」因子と「包容力」因子の中で見られた。このことから現代の父親イメージから父親の「リーダー性」や「包容力」で発揮される部分が幼稚さと結びついていることが推察できる。つまり、「リーダー性」因子の特徴である意志が強く根気があり、実行力・実力のある父親イメージが、女子大生から見て、人の上に立とうとする横暴さや、根気強いという部分を諦めの悪さと捉えることもできるのではないだろうか。そのため結果的に幼稚さと結びつくと考えられる。

　分析では「集めたデータが△△だった。検定をすると○と□とで有意差が見られた」というように結果を説明することが中心でした。結果に対する自身の考えや論評は最後の考察やインプリケーションで書きます。

　ここでの実例は抜粋なので少しわかりづらいですが結果の総まとめから、先行研究との比較でどう違ったのか、同じだったのかについて、なぜそのような結果になったのか、自身の解釈を述べるという構成になっています。1章で説明した文章の構成法を思い出してみてください。誰かに対して持論を伝える方法として下のイメージ図のように大きな話から小さな話へと少しずつ縮める―研究計画書やここで示した修士論文も問題意識 ⇒ 背景 ⇒ 先行研究 ⇒ 目的 ⇒ 方法 ⇒ 結論 ⇒ 考察と回り道をしながらも仮説の証明へとたどり着きました―このプロセスを思い返せば、「なぜ」に対する答えも自然と生まれるはずです。

論全体の最後にあたる部分なので、他の章よりも自分の言葉が占める割合は多くなるでしょう。しかし、結局のところ文章を書くことは他人の真似から始まりますし、論文を読んでいく中で何らかの影響を受けているはずです。論全体の中で筆力は問われるのですが、うまい文章を書こうとはせずに「あの論文はわかりやすかったな」とか、「あの言い回しはかっこいいから使ってみよう」というように印象に残った言葉を積極的に使ってみましょう。

　あとは妄想力です。統計によって元の母集団を推測しているにすぎないのですから、解釈の余地は大きいはずです。数値の説明である「差があった」という事実を膨らませる→「この差が意味することは〜」→「○○が要因として考えられる。」というように、得られた数値の裏に隠れた意味を少し大げさで構いませんので拡大解釈してみることも大切です。

　院試に関する準備を始めてから、論文完成まで期間でいえば3年程度でしょうか。卒論も含めると4年間ほどです。たった100ページ程度の論文でもそれくらいの準備と知識の積み重ねが必要なのです。考察はそういう意味で皆さんが積み上げてきたものの見せ場でもあります。本書を読んでくださる方は研究計画書のテーマもまだ決定してなかったり、論文の準備さえ始めていなかったりという段階にある人が多いことでしょう。そういう方にはイメージしづらいと思います。しかし、本書をここまで読んでくださったわけですからもう大丈夫です。

　次の6章には様々な分野の研究計画書の実例とそれに対するコメントを載せています。これらを参考にすることで、作成することができるようになるでしょう。

06

研究計画書の
具体例

　1章、2章で述べた問題意識、研究内容、先行研究の提示、3章、4章で説明した主に統計を中心とした研究手法によって形ができたかと思います。本章では研究計画書の実例を挙げて、どのようなものを目指せばよいのか、また何がいいか、悪いかという点について説明します。

作成時のポイント

1　仕上げ

　1章から4章までで研究計画書の構成とおおよその書くべき内容、ヒントやテクニックについて説明してきました。また5章では作成した研究計画書から修士論文がどのように展開されるのかを解説しました。これにより研究計画書作成という当面のゴールだけでなく、最終的なゴールをイメージできたと思います。この時点で何をどう書けばいいのかわかっていただけたのではないでしょうか。

　本章では再び研究計画書の話に戻り、実例を通して何が良いのか、欠けているか、少し批判的な視点で研究計画書の総仕上げをしていきます。既に2章や4章でいくつか志望理由書や研究計画書の実例を挙げていますが、あらためて本章では最終チェックとして、さらに面接を踏まえた視点で、

- 研究テーマとキャリア（経歴）との関連付けをしているか
- 先行研究や事例を提示しているか
- テーマや目的を明示しているか
- 論理的な展開や構成になっているか
- 具体的な方法を説明しているか
- 研究の実現性があるか

の点を中心に見ていきたいと思います。

2　指摘や議論を恐れない

　研究や文章はこだわれば、いくらでも改善の余地が出てきます。それを否定するわけではないのですが、あまりこだわりすぎてもダメです。あくまで、「計画」書ですから完璧なものを目指すこと自体、あまり意味がないのです。あるいは面接での指摘や議論を心配しすぎるあまり、あれもこれもと考えすぎて何もできな

い、というのでも意味がありません。

　本書をここまで読まれた方であれば、明確な問題意識と何を明らかにするのか、その手順など、説明することができるようになっているはずです。一貫したもの、論理さえあれば多少欠けていても大丈夫です。深く掘り下げた質問であってもオリジナルな問題意識と先行研究に裏付けされた主張があるのでそこに立ち戻れば怖くありません。皆さんは論戦のための武器を既に持っているので恐れることはないでしょう。

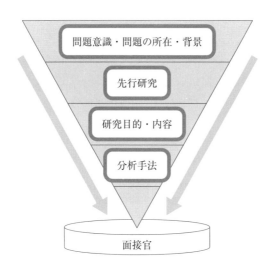

　もう一点、完璧を目指す必要がないのは、それが無理というだけでなく面接対策としてあえて残しておくという意味もあります。指定された文字数内で全てを説明することは無理なわけですから、説明しきれない残りの部分は面接で聞かれたときに答えるものとして、別に書いて残しておくということです。
　100％を目指して努力する姿勢はもちろん大切です。全てを明らかにするのではなくて、10％くらい隙を残しておけば相手もそこを突いてくると想定しやすいのです。
　したがって、以降の実例に対する指摘コメントは、「頑張れるなら改善しましょう」という努力目標であり、「読んだ人はこういう感想をもって面接で指摘するでしょう」という予想でもあると考えてください。

SAMPLE A　看護分野

ウィメンズヘルスを高める看護体制の研究
― 産褥期の有効な精神サポートを中心として ―

【背景】

①

　21世紀において女性の健康問題を考える上では、身体的なものだけでなくメンタルヘルスなども重要視することが必要不可欠である。なぜなら、女性の健康問題は、思春期、周産期、更年期などの、女性であるがゆえのジェンダーによる広範囲な各ライフステージにおける問題として現れてくるからである。さらにこれらの健康問題は、複雑に連鎖しながら発症するとも言われていて、今後、社会全体のサポートが求められる。

　私は産婦人科に在職しているが、分娩を終えて喜びに満ちていた笑顔が、徐々に不安の表情に変わってゆく様子、そしてそのまま精神的なサポートを受けることなく退院していくのを何回かみた。

　このような状況は、医療技術が高度化している反面、病院内の精神的サポート体制は十分でないことを表している。このことを踏まえると、これからの医療現場では、心身共にケアできる有機的な看護体制が求められる。

②

　以上を踏まえて、産褥期の精神サポートを含めた看護体制の確立を学び、研究したいと考え、貴大学院を志望した次第である。

【目的】

③

　出産という貴重な体験の後に精神的疾患を患う女性に対して、それを予防できるような看護現場での新しい体制を考察・構築していくことを本研究の目的とする。その上で、他の産婦人科医療体制に有益な効果を提言していく。

【研究計画・方法】
① 産褥期の患者の身体的・精神的状態に関して先行研究・文献をとおして考察する。
② 産褥期の看護体制の現状について考察する。
③ 産褥期の患者の心の状態を考慮に入れた看護体制の構築を考える。
④ 入院している患者に身体的・精神的状態や看護体制に関するアンケートをとり、現状を考慮し、その上で新しい看護体制を考慮する。
⑤ サポート体制を充実させるために、他科との連携をシュミレーションする。

【期待される結果】
　以上のことを通じて産褥期の女性の身体と精神状態をサポートできる看護体制を確立することが可能になる。

　その結果、心身共に万全と言えるウィメンズヘルスの実現ができる。

【参考文献】
・小林康江「産後の母親の不安に対する看護者の意識的かかわり、看護者は産後の母親に対して不安に関する何を話しているのか」日本看護研究学会雑誌 2013 年
・柿崎みどり、富岡美佳、國方弘子「我が国の産後うつ病に関する文献の検討」山陽論巖、第 19 巻　2012 年
・川村萌美、和智志げみ、永見桂子「産褥早期の産褥の疲労に及ぼすバックケアの効果」三重県立看護大学紀要 16、2013 年

① 視点が面白いですし、これまでのキャリアとこれからを踏まえた研究で構成されていて一貫性があります。それだけに、冒頭のこのような冗長な記述を省き、先行研究を入れるべきでした。

② 自分自身の体験だけでなく、やはり先行研究の提示と引用がほしいところです。参考文献の提示だけでは、研究の方向性を位置付けるのには客観性に欠けます。指定字数が 1000 字程度のように分量が少ない場合でも、必ず二つ、三つの先行研究やそれとの関連付けを示したほうがいいでしょう。

③ 目的が具体的でわかりやすく、シンプルです。　➡読者の皆さんもこれくらいの短さで何をやるのかを説明できるように心がけてください。

SAMPLE B　環境分野

オフィス緑化から見る緑化の　①
さまざまな環境に対する可能性についての研究

【志望理由】

　私は大学で心理学部に所属し、卒業論文では音楽療法について研究した。研究方法としては、音楽療法に関する論文を収集し、対象、期間、方法、目的、結果を調査し、分析結果の検証を行い、今後の音楽療法の可能性を検討した。　②

　この研究を行なったことで、さまざまなセラピーのかたちを再認識させられた。そして自然や環境に興味を持つようになり、それらが人に対しどんな効果や成果を上げることが出来るのか調査・研究を行いたいと考えるようになった。

　現代、働く人の抱えるストレスは深刻な問題となっており、メンタルヘルスやモチベーションの向上を目的として、オフィス緑化が進められている。労働環境を整え、社員が働きやすい企業になれば、企業全体が活性化し、経済全体としてもよりよい方向に向かうのではないかという思いから、貴大学院では心理学で学んだセラピーを参考に、様々な空間の緑化が、人や環境にどのような効果をもたらすのか研究したいと考えている。

【問題意識】

　日本で働く人の6割が、過度な残業労働負担や成果主義によるストレスを感じているという調査が出ている。自殺者の数は、2000年から現在まで、年間3万人を超える（厚生労働省 2010）。

　こうしたことから、企業の側も、メンタルヘルスへの関心を高めており、働く人をどのようにサポートし、モチベーションを挙げる為にはどうすればよいのかが注目されている。

　今日、オフィス緑化はメディアで度々取り上げられ、その効果が紹介されている。働く環境が社員に合っていれば仕事能率が上がるだろう。また、人間関係が円滑になれば仲間意識も高まり、一体感が生まれ、個々の責任感やモチベーションも高められるだろうと考えた。以上のことから、オフィス緑化による社員のメンタルヘルスとモチベーションの向上、及び環境への影響について興味を持つに至った。

【緑化と環境について】

①背景：地球温暖化や都市部におけるヒートアイランド現象を防ぐため、各所で緑化が推進されている。オフィスの屋上庭園や壁面緑化を行うと、植物の発散作用などによって、周囲の気温が下がり、加えて断熱、省エネ効果も期待できる。他にも騒音の低減、建物の膨張や収縮による劣化防止等、様々な活用の仕方がある。また行政支援として国土交通省は2004年に建築物の建築主等を対象にヒートアイランド現象緩和のための自主的な取り組みのガイドラインを作成しており、仙台市や横浜市の自治体では壁面緑化に対して助成を行なっている。（国土交通省　2010）。東京都では2001年から都市のヒートアイランド現象の抑制、都市環境改善のために屋上緑化条例を定め、2015年までに1200haの屋上を緑化する計画を立てている。

②心理的身体的効果：植物にはさまざまなリラクゼーション効果があるとされている。アロマセラピーは有名であるが、植物特有の香りが、気分をリラックスさせる効果がある。愛媛大学の仁科広重教授によれば、目に見えるところに植物を配置することがストレスの軽減につながる。また、それらを世話することによってもストレスが低減することも確認されている。さらに緑色の光の波長が網膜に負担をかけないことから長時間見ていても疲れない色、目を休めるのに

適した色であるとしている。東京農業大学の近藤三雄教授は、緑色または屋内外の観葉植物を見ることによって、パソコン等を長時間使用した際に見られる眼精疲労が回復することを実験で証明している。

③ ③**先進的な事例**：総合事務機器メーカー、コクヨの品川オフィスは、2008年に5階建てビルの屋上の一部をガーデンオフィスにした。無線LAN整備や電源用の太陽光発電なども行っており、コクヨでは室内照明の節約を狙い年間90日の庭園利用を呼びかけている。またオフィス緑化の効果として、居心地の良さから利用者が多く、社員同士リラックスした状態になりコミュニケーションの増加も見られた。

④ ④**目的**：前述のようにオフィス緑化はストレスを低減するということが報告されている。現状ではオフィス緑化をいまだ重要視していない企業が多くある。オフィス緑化が心理・環境に効果的であるということを科学的に分析し、さらにはオフィス環境に加え、さまざまな場面、空間で活用できる緑化の有効性を提唱することを目的とする。

⑤**方法**：過去の文献を研究し、ストレス尺度などを使用し、オフィス緑化の人への影響や有効性について正確なモデルを提唱する。

（参考文献は省略）

① 「オフィス緑化のストレス低減」のようにタイトルは短いと締まります。タイトルはなるべくシンプルにするよう心がけましょう。

② 経緯について少し無理やりである感じがしますが、他の学問を専攻しようと思った経緯はわかります。この点は面接で必ず問われるところです。なぜこれまでと違うことをやろうと思ったのか、その理由は書いておきたいところです。

③ 先行研究がしっかりとしているところは評価できます。欲を言えば前後関係や自分の研究にどう関連があるかも含めて説明するともっといいでしょう。

④ 構成について、先行研究、目的、方法はそれぞれ区分けしたほうがよかったと思います。構成が指定されている場合は仕方ないですが、基本的にどう構成するかは作成者の任意です。読み手が一目でわかるように、なるべく内容別に区分けしたほうがいいのではないでしょうか。

SAMPLE B

SAMPLE C 政策分野

ダイバーシティマネジメント―女性の雇用について

筆者が所属する○○県男女共同参画課では、平成△年に全国に先駆けて男女共同参画推進条例を施行し、県内従業員数 300 人以上の事業所を対象に男女共同参画推進状況の調査及び男女雇用格差の是正・改善に取り組んでおり、現在、従業員数 100 人以上の事業所を対象に条例の改正を検討している。

本条例に基づく平成□年度の調査では、女性の正社員の平均勤続年数は 10.4 年と男性の正社員の平均勤続年数よりも 6.1 年開きがあり、調査実施以来ほとんど改善していない。また、管理職に占める女性の割合においては、課長相当職では 4.7%、部長相当職では 2.5%と徐々に増加しつつあるが、依然として低い水準であり、条例改正後はさらに低い水準になると予想される。 ──①

しかしながら、顧客の嗜好が多様化する中で、企業がこれまでのように従来の男性のみの均質な組織で、多様化した顧客のニーズを満たすことは非常に困難である。つまり、均質的な視点とは異なる女性の視点や能力をこれまで以上に活かす必要がある。例えば、日本では車選びの 3 分の 2 は女性が関わり、女性客の 8 割が女性の営業担当者を好むといった実情、ニーズがあり、それに応えるためには、女性を営業担当者として活用する必要があるといえる。また、少子高齢化の進展や団塊の世代の大量退職に伴い、労働人口が減少する中で、男性のみの優秀な人材を確保することは難しく、性別に関わらず優秀な人材を確保しないと、組織は衰退し、淘汰されることは免れない。これは、量的な労働力確保だけの問題ではなく、企業が永続的に継続していくための源泉ともいえる創造性やイノベーションを生むための人材の質的な確保の面からもいえる。つまり、「あまりにも均一な、ホモジーニアスな組織になってしまうと、変わらなければならない時に、自分で変革する能力が無くなってしまう」（高橋, 2004）のである。さらに言えば、「多様化には生産性向上などのメリットはあるが、学習や創造性、柔軟性、組織や個人の成長、そして企業が市場の変化に迅速に上手に適応する能力といった財務諸表に現れないメリットもある」（David and Robin, 2002）といわれている。

したがって、こういった観点から見ると、現状のままでは、県内企業の衰退につながり、ひいては県政の停滞・衰退へとつながる。そのためにも、労働環境の是正・改善は重要な課題であるといえる。

3. 先行研究

富士総研が 3000 社の企業データを分析したところ、男女がともに働きやすい職場環境に積極的に取り組む企業は、1992 年～2002 年の間に売上高や経常利益が 3 割以上伸びている結果が出ている。

また、これまでの研究では、例えば、児玉・小滝・高橋（2005）の研究によると、「育児後の再雇用制度の存在」「小さな男女勤続年数格差」などが、女性の比率を高め、かつ企業業績も高めていることが示されており、佐野（2005）の研究においても、日本の上場企業では使用者の嗜好に基づく女性差別によって女性の過少雇用が存在し、女性の雇用を増やすことで利潤が増加する余地があることが示されている。

以上を見ると、女性の雇用割合、勤続年数が高い企業と業績には正の相関があることが分かる。すなわち、雇用の公平性や働きやすい職場環境は、業績の向上につながる可能性が高いことが、実際のデータにおいても示されている。

4. 研究目的・方法

　以上を踏まえて、本研究計画では、行政上の課題である県下中小企業に対して女性の正社員割合、勤続年数及び管理職割合、育児休暇取得割合等をいかに向上させるかについて、具体的方策を研究し、県下企業の競争優位性の獲得のための一助となることを目的とする。最終的には、本研究成果を今後の条例改正に活かし、条例に基づく指導・勧告や事業所内保育所設置への補助金のインセンティブにより、県内事業所の女性管理職の割合を平成〇年度までに△%までに向上させたい。

　研究方法としてまず、先行研究・事例のサーベイを行いたい。次に、現部署で所有する平成〇年度からの届出調査結果（約1000事業所）の統計的処理による分析、さらに詳細な実態を把握するため、聞き取り調査を行う。そして、実際にそのデータに基づいて、県下中小企業に対する労働環境の指導・勧告へとつなげたい。

　一年次のうちに、基礎科目や調査に必要とされる知識、手法の学習を目標とする。二年次は、収集したデータを整理し、重回帰分析を用いて女性社員の割合の高さや、定着年数の長さの要因を明らかにしたい。その中で女性社員の雇用に積極的な企業を抽出し聞き取り調査により詳細な分析を行いたい。

（参考文献は省略）

① わかりやすくていいのですが、欲を言えばこのような一般的な話はもう少し手短かにしてもよかったのではないでしょうか。この分量を半分程度にして、方法の説明を厚くするともっと詳細に研究内容を書くことができたと思います。

② キャリア～問題意識～先行研究～目的が非常にクリアでゴール地点も具体的な数字まで提示してあってわかりやすいです。社会人の場合、このように職務上の問題意識を研究にすることができるので有利です。また、（場合によりますが）職務上得られたデータを利用することができるのも利点です。可能であればその点をアピールしていくといいでしょう。

③ やりたいことが明確ですし既に研究に関わる仕事をされているので、研究を行う上である程度の仮説をもっているはずです。現時点でのアイデアで構わないので3、4章で説明したように仮説を設定し、何を変数とするのかなどを説明できたら、さらによいものができたのではないでしょうか。

SAMPLE C

SAMPLE D 教育分野

理科グループ学習における円型コミュニケーション
ネットワークの導入の有効性

　私は大学で教職課程を履修し、今年5月の中学校理科の教育実習でグループ学習を取り入れた理科の授業を行った。このことを通じて、グループ学習の方法と効果について関心を持ち、貴大学院教育学研究科を志望した次第である。

　理科の教育実習を行った際、活発なグループ学習をしたグループの生徒は概して成績が良く、極端に悪い点数をとるものは少なかった。これは、自分の意見を発言し人の意見を聞く機会がたくさんあるため、自分の考えを吟味できるからであると考える。　　①

　グループ内で活発な話し合いをするためには、誰もが発言しやすく、話し合いができるだけ継続するような環境づくりが必要である。このような話し合いの効果を高めるグループ構成について、清水（2002）は、リーダー格の生徒の意見がそのままグループの意見になっていることが多いと指摘している。この指摘に対して、私は、円型をグループ構成に取り入れることで、リーダー格の意見がそのままグループの意見になっているという状況を改善し、より活発なグループ学習が出来るのではないかと考えている。

（目的）

　本研究では、リーヴィットが実験に用いた4種のコミュニケーションネットワークの1つの型である円型タイプ、つまり成員がそれぞれ対等の立場にあり、リーダー役を作らない型をグループ構成に取り入れる。そして車輪型との比較によりその効果を明らかにすることを目的にする。　　②

（研究方法）

①　片方を円型、もう片方を車輪型となるようにコミュニケーションネットワークを構成する。各グループの話し合いの内容や量を比較するため、ビデオカメラによる記録を行う。

②　グループ構成をあらかじめ検証するため、事前調査を行い、学習課題についての生徒の考え方を質問紙法で調査する。

③　リーダー格となりうる生徒を担当教員と生徒の意見調査で判断する。

④　実験授業後、効果測定を行い、円型と車輪型グループのテスト結果を t 検定により調べる。また、話し合いの量とテスト結果を比較検討する。

⑤　仮説として、円型では、リーダー格以外の成員がまとめ役となり、車輪型ではリーダー格がまとめ役となるとする。　　③

〈参考文献〉

清水誠・小峰香織：「グループ構成が話し合いに及ぼす効果」埼玉大学紀要、教育学部 p1-8
　2002

① 文章がシンプルでわかりやすいところは評価できます。

② なぜリーヴィットを利用するのか簡単でいいので説明がほしいです。

③ この計画書には分量の制限がありました。このような場合、方法については箇条書き程度でしか説明できないことが多いです。したがって、この「説明できなかった部分」が面接で問われると考えてください。他には方法について聞かれることが多いようです。たとえば、会話量をどうやって定量化するのかという点だけでも大きな課題です。先行研究を参考にして、会話量の有意差を検証することだけに絞ってもよかったのではないでしょうか。

SAMPLE E　環境分野

エコツーリズムにおける環境教育の導入効果についての研究

志望動機

　2年前、私はミュンヘンを訪れグリーンツーリズムを体験した。グリーンツーリズムとは日常生活から離れ、農村でゆっくりとした時間を楽しむことで、癒し効果を得るというものである。この体験を機に、自然と観光の魅力、それらが人に与える影響に興味を持ち、現在は○○教授指導の下、エコツーリズムをテーマに学んでいる。従来エコツーリズムは、自然環境保全上重要な地域のマスツーリズムによる経済メリットと自然・文化の環境的デメリットが指摘されており、地域特有の自然生態系の保全と地域経済の発展の両立が現在の課題となっている。この解決策として、エコツーリズムが雇用や投資をもたらすという経済波及効果や誘致問題における政策がまずある。同時に、環境問題解決のためには、これまで表面的に捉えられていた「環境教育」が最も重要であると考えるようになった。なぜなら、環境教育というものは、実体験を通して人々の倫理意識に刻み込まれるからである。そこで私は、環境教育を行うことで、人々の環境に対する倫理意識を高め、それがエコツーリズムの課題の一つである環境対策にどのような影響をもたらすかを突き詰めてみたいと考えた。この研究成果を生かすことが社会的貢献となることを願い、環境倫理の講座を開設されている貴大学院地球環境学研究科を志望した次第である。 ①

研究背景

　日本のエコツーリズムは、1993年に世界遺産一覧表に記載された「屋久島」「白神山地」「知床」などを中心に行われている。知床の価値は、数ヶ月ものあいだ流氷で閉ざされる海洋生態系と、原生的で豊かな森林を育む陸上生態系の複合生態系が残っているところにある。しかし、現状の知床には問題が山積しており、「海での漁業と生態系保護」「河川のダム」「エゾシカの増加による生態系の改変」「外来種の進入」などが、登録後も指摘されている。このような事実から目を背けたPR活動を行う観光業者は、環境保全への貢献度が低いだけでなく、観光客の環境への関心・知識の意識改革の機会を阻害している。日本の環境教育は、公害教育の延長上に生まれ、既存の道徳教育と同調して行われてきたので、その重要性に対して一般的な理解が得られていないのが現状である。これを変えるには、環境省をはじめ、観光協会、農協、漁協などの地元関連団体や、学校、NPO、企業などが、官民一体で環境教育を行う必要がある。そのためには、各々が個別に行ってきた環境教育を、エコツーリズムを媒介としての実体験教育として行うことを提言する。それによって環境教育の一体化・活性化を図ることができると考える。

研究目的

　エコツーリズムとは、自然環境や歴史文化を対象とし、それらを体験し学ぶとともに、対象となる地域の自然環境や歴史文化の保全に責任を持つ観光のあり方である。これを発展させるにはガイダンスとルールが必要不可欠である。環境教育では、関心・知識・態度・技能・評価能力・参加の6項目を身に付ける。この6項目を身に付ければ、エコツーリズムのガイダンスとルールに沿った自発的行為をとる可能性が高まるのである。そこで本研究では、環境教育の導入効果を探り、それがエコツーリズムにどのような影響を及ぼすか調査・分析を行い、アナウンスすることを目的とする。 ②

研究計画
(1) 従来のエコツーリズムについて調査・分析を行う。
・知床を中心に国内外のエコツーリズム実施地域でフィールドワークを行い調査した上で比較検
　討する
・具体的には知床の普及と定着に向けた実効的なシステム構築を目指す「知床エコツーリズム促
　進モデル事業プログラム」である以下の項目を調査する。
　①ガイド技術の向上、②先進地視察と報告、ワークショップの開催、③地域産業と連動したエ
　コツーリズムの展開、④エコツーリズムの推進方策の検討、⑤滞在型モデルツアーの推進、⑥
　海外からの旅行者の誘致促進、⑦知床型のエコツーリズムのあり方
(2) 現在の環境教育における調査・分析を行う。
・2005 年から始まった「国連持続可能な開発のための教育の 10 年」の活動や環境省とエコツ
　ーリズム関連団体の環境教育プロジェクトなどを調査する。　　　　　　　　　　　③
(3) エコツーリズムへの環境教育導入と現行の環境教育プロジェクト間の連携のあり方をシミュ
　レーションする。
・(1) における「知床エコツーリズム促進モデル事業プログラム」の各項目における環境教育導
　入の効果を分析する。
・知床エコツーリズム参加者に環境教育体験前後のアンケート調査を実施する。
(4) エコツーリズムにおける総合的な経済・環境・無形のプラス効果測定を行う。
(5) (1)～(4) を検討した上で、持続可能な循環型社会における環境教育についての総括を行う。

参考文献
『地球環境の教科書 10 講』(左巻健男・平山明彦・九里徳泰　東京書籍　2005 年)
『はじめての環境経済学』(ジェフリー・ヒール　東洋経済新報社　2005 年)
『世界遺産を歩く知床』(山と渓谷社　2005 年)

① 文章の流れはよくできています。一つひとつロジックが積み重なっていて、
　読みやすいしわかりやすいです。

② 少し都合がよすぎる感じがします。「仮説として～」と説明を加えるべきで
　はないでしょうか。

③ 「シミュレーション」という言葉が抽象的すぎます。方法の部分があれもこ
　れもと多いので、取捨選択して環境教育の授業作成などに絞ってもいいか
　もしれません。

SAMPLE E　**185**

SAMPLE F　経営分野

農業経営のあり方—法人化の視点より

　私は、大学の経営学部経営学科に所属し、経営学、経営管理論の科目を履修し、環境・組織の両面からマネジメントすることで、組織集団をよりよい方向へ動かす方法を学んでいる。一方、経営分析入門、経営情報学分析を履修し、現状傾向を数値判断して把握・分析する技術を身につけた。そして、流通研究ゼミに所属し、「高価な農産物がなぜ売れるのか」をテーマに卒業論文に取り組んでいる。このことを基盤にして、自分の研究をさらに深めたいと考え、貴大学院経営学研究科を志望した次第である。

背景
　現在、日本の農業経営が抱える問題として、まず農業従事者の高齢化が避けられない状況にあり、農業の担い手である後継者育成が急務となっている。しかし、農村部においても、若者の農業離れ・都市への流出が顕著であるため、農業後継者の確保はなかなか難しいのが現状である。
　さらに、現在60歳以上の高年齢の基幹的農業従事者の農業からのリタイアが進む数年後には、基幹的農業従事者の数は大幅に減少すると考えられる。それにより、食糧自給率の低下による日本農業の競争力の低下という問題も起きてくる。また、農業経営には莫大な設備投資が必要であるにもかかわらず天候などの自然環境に左右される為、多大な損失を被る可能性がある。不作はもちろん減収となるが、作物を多く収穫できた場合でも「豊作貧乏」の状態になり、市場価格が下落し収益が上がらない場合もある。このように投下資本、労働量が収入に直結しないことも多い為、経営的に割に合わないなど不安定な要素が多い。

研究目的
　そこで、本研究では近代的な農業経営のあり方について検討し提言することを目的とする。　①
　具体的には、現在、家族経営であり、零細経営である大部分の日本の農業生産体を法人化して、広い範囲の人的結合組織で協業経営を目指そうとするものである。
　最近になって、新しい経営手法、ビジネスチャンスを生かして法人化した農業生産体が現れている。一方、数十年前からほとんど変わらず、後進的で非効率的な生産も行なわれている。日本のTPP参加を前にして、農業経営を近代的な経営学の視点から分析することにより、今後の日本における農業経営の発展に向けた方向性を探り、その手法を提言することが急務である。

研究内容
　農業経営の不安定な状況を好転させるため、農業生産体を法人化し、経営戦略を練り上げて生産を行なうことが必要である。企業が、環境の変化に適応し、将来の目標やビジョンを持って、日々刻々と変化を遂げながら活動しているように、農業経営体も、毎年同じようにただ漠然と生産を行なうのではなく、環境の変化や市場の動向に合わせ、変化していけるようになることが重要である。一般的に企業戦略としては、市場のニーズを把握してライバル企業の商品と差別化した商品を市場に提供することが重要である。
　これがスムーズに進展すれば、企業は経営戦略、マーケティングともに成功したことになる。このことを農業経営にあてはめることができれば、農協による単純な買い上げに頼らず、高い収益性を実現できると考えている。

そこで私は、農業を企業経営的に運営した場合、差別化によって生じた競争優位の源泉を戦略に結びつける為には、どのようなビジネスモデルが考えられるかを研究したい。農学サイドからも農業経営の研究は行なわれているが、かなり表面的で農業と経営の融合は行なわれていないように感じた。そのため、経営学的サイドから、近代的な経営管理や経営戦略の手法を駆使して農業経営分析を行ないたい。

研究方法
①　農家に対して、法人化をして農業経営を行ないたいか、家族型農業経営が好ましいかについて、アンケート及び聞き取り調査をする。
②　法人化を望む農家に対して、どういう形態で、どのようなメンバーで、どういう作目・商品を生産したいかなど戦略・組織・マーケティングのそれぞれの点からアンケート調査を行なう。
③　成功事例として農業生産法人である山口県の（農）うもれ木の郷や、広島県の（農）さわやか田打等をとりあげる。
④　望ましい農業生産法人のモデルを組織・経営の両面から検討し、策定する。

〈参考文献〉
青山浩子『「農」が変える食ビジネス―生販協業という新たな取り組み』日本経済新聞社　2004
五味仙衛武編「農業経営入門」実教出版　2005
七戸長生　「農業の経営と生活」農山漁村文化協会　2000
生源寺眞一「日本農業の真実」筑摩書房　2011
金子弘道「トップが語るアグリビジネス最前線」家の光協会　2003

① 研究目的が少し大きめです。既に近代的経営手法を取り入れている農家や農業法人はあるのですから、その中からさらに絞って、一般化できるような事例を調査するという目的にしたほうがよりわかりやすかったのではないかと思います。

② 農業は政治との関わりが他の産業よりも強いです。政策面や法制度から見た農業の現状分析を加えて論を展開すると、研究の方向性も明確になったのではないでしょうか。

SAMPLE G　経済・社会学系分野

＊これを作成された方はもともと社会学系の人でしたが、経済学的アプローチにも興味があって両方の専攻を受験しました。どちらの専攻でも通用するような内容・作りにしました。

新卒採用における評価の実証分析

（研究の目的・背景）　　　　　　　　　　　　　　　　　　　　　　　　　　　①

　私は、これまで外国人と効果的なコミュニケーションをするためにはどのような技術が必要か、特に、文書作成におけるコミュニケーション技術の修得に力を入れ、パラグラフのレベルなどの演習を通してコミュニケーション技術を学習してきた。2年次の海外研修では実際にボストンへ行き、5ヶ月の滞在を経験した。リーマンショック後だったため、男性に限らず女性のホームレスまでもが至る所におり、募金を求めているのを目にした。さらに、現地の様々な店を訪れると出来高制で働いている店員と賃金制の店員の態度の差に驚かされた。自身も就職活動の厳しさを通して、このような労働にまつわる状況に接した事が本研究計画の動機である。

　近年ニート、フリーターなど若年層の雇用問題に対する様々な対策がなされてきたが、リーマンショック以降の経済不況により新規大卒者に対する雇用状況も著しく悪化してきた。厚生労働省及び文部科学省の調査によると平成19年度の大学新卒者の就職率は96.9%、20年度95.7%、21年度91.8%と過去最悪の水準で推移している。このような背景の中、大学側はキャリアガイダンスや就職相談員の配置を行ってきたが、どれも解決までには到っていない。

　これまで新卒労働市場において学歴が主たる評価軸として機能してきた。しかし、大卒者の増加や、AO入試、推薦入試といった筆記試験を経ない選考が入学時に行われる事が増加してきたため、必ずしも学歴が新卒労働市場において機能しなくなってきた事が理由として考えられる。加えて、採用側である企業も学歴評価による採用方法がミスマッチを生み出すということを認識し始めたということも考えられよう。それに代わって、最近ではコミュニケーション能力という評価軸が重視されるようになった。現在、新規大卒者の就職採用試験において最も用いられている方法が面接である。厚生労働省の就職能力に関する実態調査によると「企業が重視している能力はコミュニケーション能力85.7%、基礎学力70.8%、責任感64.3%と続き取得資格はいずれも40%を切っており語学力においては10.2%」となっている。終身雇用や年功序列を前提としたシステム下では、不況時に従業員を簡単に解雇できないリスクを嫌う。従って、成熟した経済状況においてはこれまで以上に採用後、企業特殊的な技能を身につけられるか否かを判断基準とし採用を行う傾向にあると言える。

　しかし、そのような面接における個人のインフォーマルな能力は機械的に評価できるものではなく、曖昧なものであるため採用基準が不明瞭になる傾向にある。三宅、大矢、飯田（2008）によれば「面接試験の評価では、特徴ある結果が出ていた。それは22項目あるうちで、『身だしなみ』や、『服装』、『アクセサリー』等の身の回りの装飾品等6項目だけ、従業員は事業所よりもより注意していたことであり、その他の項目では、事業所は高く評価する傾向であった。従業員たちは、ともかく面接を表面的には受けのよいように努力していたということである。」としている。自身が経験した面接でも、大学で学習したいわゆる一般的なプレゼン能力としてのコミュニケーションというよりも、面接官から見た親しみやすさ、いかに質問の意図をうまく読み取るかに終始し、取得した資格や技能についてはほとんど触れられなかった。　　②

188　　6章　研究計画書の具体例

その一方、コミュニケーション重視面接による採用の効用を指摘するものもいる。青谷、三宅（2005）によれば「コミュニケーションは職場と人との接着剤として作用しており、その作用に支障をきたすと（採用後に）ミスマッチを引き起こす一因になりうるのである。」と主張する。

確かに、面接を複数回重ねる事による人物評価は必要である。しかし、ここで問題となるのは、採用側が学歴に加えてコミュニケーション能力という不明瞭な基準を重視する為、採用を目指す新卒者側は、どのような技能を獲得すればいいのかわからず右往左往する。その為、就職活動を途中で諦め、就職に対するインセンティブを失わせる結果となるのである。それは労働市場を停滞させ、わが国における人的資本形成にネガティブな影響を及ぼすであろう。このような状況下では企業側に何らかの補助を出すといった表面的な政策だけでは、採用時のミスマッチは埋まることは無い。③

以上を踏まえ、本研究計画では、まず現在の新規大卒者採用市場においてどのような採用方法あるいは採用基準が適用されているのか現状を明らかにしたい。企業側が用いる採用方法の事例をデータ収集し、人物を重視している企業と資格などの職業能力を重視している企業を比較し、実証的検証を試みたい。これにより、先行研究のサーベイを併せて行うことで、新規卒業者における採用へのインセンティブをどう向上させるべきかを検討する。

① 動機が詳しいのはいいのですが、全体のバランスを考えると長すぎますね。半分程度にして、その後に述べる方法の説明をもっと詳細にすべきだと思います。

② このように書く気持ちはわかりますし流れもいいのですが、個人的感情を排し、研究としてどのような議論がされているのかを論じて客観性を重視すべきだったと思います。

③ テーマや問題意識は上で指摘したように丁寧すぎるほどでしたので、それらを削り、方法や実現可能性についての説明にもっと費やすべきでした。面接でもこの点はいろいろと聞かれるところです。たとえば、人物重視か、資格や技能重視の企業かをどうやって区分けするのか、「実証的検証」とあるがどのような検定を使うのか、などについて説明する余地はたくさん考えられます。

SAMPLE G

SAMPLE H　国際協力分野

開発援助をめぐる多様な利害と意思の調整過程
―パレスチナ自治区ヨルダン渓谷開発の事例から―

背景
　大学時代NPOに所属し、パレスチナ難民キャンプでの調査や国内での広報活動に従事してきた。活動を通じて、なぜ国際社会において様々な不条理が放置・助長されているのかに憤るとともに、それに対処するための力が自分自身不足していることを痛感した。これらの問題に対し、現場の視点に基づいた多様なアプローチをするため、豊富な実務経験と多彩なバックグラウンドを誇る教授、準教授陣の下、貴大学大学院国際協力学専攻にて、学び研究をしたいと考え志望した。人権上の問題を抱える国・地域に対し、日本政府はどのような意図を持ち開発援助をするのか、その際、関係者の利害・意思の調整をいかに行っているかに注目し、日本がパレスチナへどのように貢献し、またそこにはどのような問題があるのかを明らかにしたい。

目的
　開発がもたらす問題はしばしば指摘される。特にODAは国際社会での支持確保、安全保障の確保、自国企業の利権確保、国民の利他心充足等、必ずしも住民の福利向上が目的ではない。開発目的がどのように設定され、開発成果に影響を与えるのかを明らかにするのが本研究の目的である。今回、私は日本政府が公約し、国際協力機構が現在調査に当たっているパレスチナ・ヨルダン渓谷の農業・工業団地開発計画「平和と繁栄の回廊」を研究対象とする予定である。この事例から占領地という特殊性をもった地域において、日本国政府が果たせる役割を分析し、パレスチナ問題の解決のためのヒントを探っていく。　①

研究方法
①　開発の受益者であるべき住民の意思・参加・期待と、日本国政府の予測する開発過程・成果との比較
②　イスラエル・パレスチナ・ヨルダンにまたがる国際公共財としての特性と、有効な機能条件の調査
③　関係各国の政策担当者、国民そして地元住民の意思に影響を与える様々な要因・社会制度の分析
④　国際世論、関係各国の政治的・経済的利害とその意図がもたらす影響を、ゲーム理論を用いて分析
⑤　日本国内の開発で特に賛否の激しい事例（原発を想定）を研究し、意思調整過程や結果を比較分析　②

参考文献
『人間の安全保障』（絵所秀紀監修　国際協力出版会　2006年）
『グローバル社会の平和学』（星野昭吉著　同文館出版　2005年）
『ゲーム理論』（岡田章著　有斐閣　2004年）
『国際協力学』（高木保興編　東京大学出版会　2004年）
『ODA（政府開発援助）』（渡部利夫・三浦有史著　中央新書　2003年）

① 分量が制限されていたため省いたのはわかりますが、これまでの議論や先行研究という位置付けで、現時点での政府のパレスチナ問題に対する立場や考えを端的に示してもよかったのではないかと思います。数行で構いません。

② ②〜⑤について、研究対象として大きすぎます。この実例を書いた人は知識も豊富で、面接のために多くを準備していたので対応できました。しかし、通常は2〜3に絞ってその説明に費やすべきでしょう。

SAMPLE | 心理学分野

自己効力感と「居場所」の関係
―学校適応と精神的な健康を目指して―

研究テーマと目的

　中学・高校の学生生活に不適応を示す生徒は決して少なくない。例えば、文部科学省の平成19 年の調査によると、中途退学の事由のうち、「学校生活の不適応」を原因とする生徒がおよそ38％であった。

　学校適応に関する研究では、先行研究で、学校適応が高い生徒は自己効力感も高いということが明らかになっている。ゆえに、自己効力感を高くすることは、学校適応や精神的な健康の促進につながると考えられる。そのため、本研究では自己効力感に影響を及ぼす要因としての「居場所」に着目していきたい。

　「居場所」の定義は、研究者間において統一はされていないが、「落ち着いていられる」「他者に認められている」「何か打ち込めることがある」ということがおおよそに共通する概念といえよう。

　まず、「居場所」に関する研究では、田中・田嶌（2004）が居場所を測定する尺度を作成し、学校適応と居場所に関連性があることを明らかにした。さらに、田中・田嶌（2004）は学校内に「居場所」がある生徒と「居場所」がない生徒を比較検討し、「居場所」がある生徒の方が「居場所」のない生徒よりも適応が高いことを示した。

　また、豊田（2009）は、中学生・高校生の「居場所」は、学校内に限定されないと主張した。例えば、家庭（家族）はもちろん、習い事やアルバイトなども「居場所」になりうるとしている。

　これらを踏まえれば、学校外の「居場所」を見つけ自己効力感を高めることができれば、学校適応も促進されるのではないか。加えて、早期の段階で自己効力感を高めることが可能であれば、その後の新しい環境にも適応しやすくなるのではなかろうか。

　本研究の目的は、高校生及び大学生の青年期において、家庭及び習い事やアルバイトなどの学外における活動が、「居場所」としての機能を果たし、自己効力感を高める効果があるかどうかを検討することである。その結果、効果が見られれば、スクールカウンセラーの介入及び援助の選択肢を広げることにもつながり、学校適応や精神的な健康の促進の一助となると考えている。

方法

調査方法　質問紙調査

1. 心理的居場所感尺度：則定（2007）によって作成された心理的な居場所を測定する尺度で一定水準の信頼性及び妥当性が確認されている　①

2. 特性的自己効力感尺度：成田・下仲ら（1995）によって作成された自己効力感を測定する尺度で一定水準の信頼性及び妥当性が確認されている

　本研究では、この2つの質問紙を主に使用し、統計的処理を行い検討する所存である。　②

参考文献

豊田弘司「孤独感に及ぼす居場所の効果―評定尺度による検討」教育実践総合センター研究紀要（18）2009 年 3 月

則定百合子「PD026 青年版心理的居場所感尺度の作成」日本教育社会心理学会総会発表論文集（49）2007

則定百合子「思春期における重要な他者との心理的居場所感に関する研究」神戸大学発達・臨床心理学研究6. 2007

則定百合子「青年期における心理的居場所感の発達的変化」カウンセリング研究41、2008

アルバート・バンデュラー編著、本明・野口訳「激動社会の中の自己効力感」金子書房、1997

堀　洋道監修、山本眞理子編「心理測定尺度　Ⅰ、人間の内面を探る、自己・個人内過程」サイエンス社 2003

① 居場所の定義が曖昧であるため、一つの尺度だけでなく、複数の尺度を利用して比較検討することも必要ではないか。

② 対象をどこで調査し、どの集団に対して行うのか、本当に実行できるのかどうかが、問われます。文字数との兼ね合いもあるが、研究対象の説明と実行可能性を明示することも必要です。

SAMPLE J　経済・経営分野

完全子会社化による再編のインパクト

　一般的に子会社の上場の問題点として、親子間のガバナンスの不透明さ、少数株主への利益流出（コングロマリットディスカウント）、等があげられる。また、親会社が、事業が成熟した子会社から受け取る配当を増やして、成長余地のある他の子会社へ振り向けるなど、グループ内で資金を再配分しようとする場合、資金を投入される子会社の少数株主は、これにフリーライドできる（菊谷・齋藤, 2007）。

　また、親子上場がもたらすテクニカルな弊害については小林・山田（2000）の研究があげられる。小林・山田は、親子上場と TOPIX ベンチマーク運用との関係から、親子上場のダブルカウント問題を指摘している。つまり親子上場が、子会社株の品薄状態を加速し、株価形成や投資の運用効率に悪い影響を与えており、これは子会社固定株に対して修正を行わない TOPIX を運用評価のベンチマークに用いることが原因であるという仮説をたて、研究によってその仮説を理論的に実証している。

　本研究計画において関連する先行研究としては以下の研究があげられる。

【米国の現状】
　米国では、基本的に親子上場は少数であり、関連する研究では例えば、子会社の株式公開（carve out）がある。米国における子会社株式公開は親会社の資金調達のためにそれが実施されるという資金調達仮説が主張されている。子会社の株式公開を実施しても親会社自身の企業価値の上昇、すなわち株価の上昇がもたらされない可能性が示されている（飛田, 2005）。

【完全子会社化の動機】
　菊谷・齋藤（2007）は完全子会社化の動機について検証を行った。親会社側の要因として、①親会社の本業依存度が大きく、②本業の成長率が低いほど、また③本業成長率の変動が激しいほど、完全子会社化を進めやすい。④既存事業からの撤退、新規事業への進出といった、事業再編が大規模である場合、子会社化が行われやすいとの結果が得られた。また、子会社側の要因として、売り上げ成長率が高いほど完全子会社化されやすく、逆に、売り上げ成長率の低迷が著しいほど完全子会社化されやすい。つまり、成長率の高い子会社に対する、積極活用型と経営不振の子会社に対する救済型の 2 つのタイプがある。

【完全子会社化のプレミアム ─ 利益相反仮説】
　親子上場におけるガバナンスの観点ではいかなる影響を与えているだろうか。この点については、阿萬（2006）は、日本企業の M&A 取引の中でも近年増加傾向にある完全子会社化を素材として、その買収価格（買収プレミアム）がどのような要因によって影響を受けているかを分析した。分析結果によれば、買収企業（親会社）による被買収企業（子会社）に対する所有権は、一般的に買収価格を低下させる。そして、親会社 ─ 子会社少数株主間の利益相反仮説を裏付けた。買収企業による株式保有は、一貫して買収プレミアムを低下させる。この実証的発見は、親会社 ─ 少数株主間に利益相反関係が存在しており、被買収企業の親会社である買収企業が、支配的株主（controlling shareholder）としての影響力を行使して、少数株主の利益を低下させる行動をとっていることを示唆している。さらに、親会社 ─ 子会社間の取引関係の有無は、買

収プレミアムに対してネガティブな効果を及ぼしており、このことは、財・サービスの供給や購買における優越的な地位を背景として、買収価格が子会社株主にとって不利な方向で決定されていると主張する。

このことは、完全子会社化が企業グループ内での組織再編成によって、グループ全体での効率性を向上させることを目的としているとしても、同時に、存在する少数株主の利益を相対的に低下させる効果を持つ。完全子会社化は過半数ではなく、より厳しい三分の二の賛成を必要とする特別決議事項であるが、それでもなお、支配的大株主以外の少数株主が十分に保護されていないことを示す。

【完全子会社化による財務業績へのインパクト】

矢部（2008）は、完全子会社化と事業売却の企業再編が果たす役割とその効果について検討を行っている。分析からは、完全子会社化の実施後における資産効率は業種平均並に回復しており、超過 ROA、超過 ROS に関しても業種平均に比較して有意な値を示している。つまり、完全子会社化を行うことによって、グループマネジメント（連結ベースでの企業経営）を行うことができる環境が整備され、グループ本社としての正常なマネジメント機能が回復するため、顕在化していない収益性が財務業績となって表れたとしている。また事業売却においても、売却企業の収益性は回復しており、完全子会社化同様、再編はプラスのインパクトがあることが示されている。

3. 研究内容

以上みてきたように、我が国における親子上場に関する研究がいくつか行われており、これまで指摘されてきた問題が実証的に明らかにされるようになった。特に、子会社上場という我が国企業の特徴は、制度の改正と、企業価値の向上という観点から徐々に解消されつつある。しかしながら、その検証については未だ始まったばかりであり、サンプル数や、検証期間については十分とは言えないものもある。また、そのような完全子会社化による問題解消がいかなる影響を市場や企業に与えるのかについては、研究の余地があると考えられる。そこで、本研究計画では子会社化の意義やその効果の実証分析を中心にして、検証を行うものとする。

③

4. 研究計画・方法

①特に一年次に財務論、ファイナンス論の講義を通して研究に必要とされる知識、手法を身につける。一年次後半では、M&A、親子上場の歴史的経緯、問題点や我が国企業固有の特徴との関連等を上記の先行研究によって明らかにする。先行研究から得られた知見を基に、研究方法の設定を行う。

②①で設定した研究方法を基に、サンプルの収集を行う。日経 NEEDS 等のデータベースを利用して、対象となる企業のイベント日の測定、財務データや株価の時系列データの収集を行う。

③二年次より、実際に得られたデータを基にして検証を行う。完全子会社化の効果の測定は、まずイベント前後における CAR（累積超過収益率）を利用する。CAR を測定することで完全子会社化の市場への短期的効果についてみてゆく。CAR の測定は親会社、子会社の両方を対象として、それぞれの影響を検証する。また、測定された CAR については、財務指標を用いて重回帰分析を行う。

SAMPLE J　　**195**

④長期的な効果の分析として、①で用いた財務指標に加えていくつかの指標を併せて完全子会社化による効果を分析する。例えば、矢部（2008）は業界平均をベースに、イベント発生後3期間における超過ROS（売上高利益率）、超過ROA（営業利益ベースでの資産利益率）、総資産回転率を用いている。本研究計画においてもこれらの指標についてさらに期間を延長して分析を行う予定である。
⑤得られた分析結果を基に、修士論文の作成を行う。

（参考文献は省略）

① 好みによって分かれますが、このように全体から見て背景説明の割合を少なくして、先行研究や問題意識から書き始めるのも一つの方法です。読み手は専門家だけですから、余計な説明を省いて本題に入ることを好む人もいます。構成さえしっかりとしていれば目的を先に書いておき、後で説明をするというスタイルでも構いません。

② 細かく分類して述べている点がいいのではないでしょうか。問題意識に対するこれまでの仮説が整理されています。ただし、各先行研究の説明が若干長いような気がします。通常はここまでの長さは要求されません。長めの分量を要求するところは面接時間も長い傾向があるので、これくらいは多めに準備しておく、という程度で考えてください。

③ 研究方法や手順が詳細でどうやって明らかにするのがよくわかります。指定される分量が多い場合は背景や問題意識で文字稼ぎしたくなりますが、そうすると全体として冗長なものになり何をしたいのかが不明瞭になります。可能であればこのように研究方法の部分で頑張って段取りと手法を説明すれば、面接官も納得しやすいでしょう。

07

パネル法による
研究計画書作成

　研究計画書を作成する際、出願理由、研究目的・研究計画・研究方法の部分を〔質問パネルQ〕と〔文章パネルA〕を用いるのも一つの手です。パネルによって質問が絶えず繰り返されるので研究の全容がハッキリとわかってきます。また想定問答によって構成する方法は、面接試験にも役立ちます。本章では、このような研究計画書のつくり方を紹介します。

§1 パネル法

1-1　パネル法とは

　本章では、〔質問パネル Q〕と〔文章パネル A〕を用いて、研究計画書を作成する方法を紹介します。ここでは、この二つのパネルを用いる方法をパネル法とよびます。〔質問パネル Q〕で聞かれたことを、対応する〔文章パネル A〕に入れれば完成します。パネル法では、①出願理由、②研究目的、③研究計画、④研究方法を洗い出すことができます。

　この方法は手軽にできるもので、これを利用すれば研究計画書の骨組み（スケルトン）ができ上がります。ただし、あくまでも研究計画書を作成している途中で目的や方向性を見失わないためのものです。ですから研究計画書を作成する際には先行研究などを詳細に入れ、背景、仮説を用いて肉付けしていくことが大切です。これは6章で実例を挙げていますし、迷ったらもう一度2章に戻って考え方や方法を確認してみてください。

1-2　研究の型（タイプ）

　ここでは、研究のタイプ別に「実証分析型」「改革・提案型」「理論検討型」を紹介しましょう。

● 実証分析型の場合

　アンケート・聞き取り調査などによって、現状の傾向を分析し、問題点に関する新しい傾向・動向を探りその成果をまとめるというタイプの研究であれば、この「実証分析型」を使います。この型には、現状で生じている問題の原因を明らかにする必要があるものが当てはまるでしょう。研究計画書の採点においては、「調査方法」、「アンケートの内容妥当性」、「統計分析の正確さ」などに重点がおかれます。

198　　7章　パネル法による研究計画書作成

● 改革・提案型の場合

　今、行われている政策システムで対処不能になった状況変化・環境変化に対して、新たな政策を立案し、その効果を検証・提案するときに使用します。これは、政策、心理学、経営学などで多く用いられます。また、採点においては、「現状の問題や課題を解消しうるか」という新しいシステムの妥当性に重点がおかれます。

● 理論検討型の場合

　定説とされている理論・学説に、新しい解釈を加えることにより、新たな理論・公準を作り出すもの、あるいは、従来の定説に対して、文献調査を行うことにより、演繹的・帰納的方法で再検討していくタイプの研究であれば、この「理論検討型」を使用します。この型には、主に理論史・学説史・歴史学などが当てはまります。また、採点においては、「文献の正確な把握がなされているか」、「先行研究を踏まえているか」、「推論の立て方が正確か」などの点に比重がおかれます。

　ここまでで、自分の研究が上記のどのタイプに当てはまるかが理解できたことと思います。

　では、パネル法に基づいてつくったサンプルを見てみましょう。自分の状況や研究のタイプに合わせて、適切なパネルを選び、それを参考に研究計画の基礎部分を作成してみてください。

§1　パネル法　**199**

§2 パネル法の活用例

2-1 志望理由パネル

　最初にパネル法を用いて志望理由を述べる部分を作成してみましょう。志望理由は社会人と学生とではそれほど大きな違いはありませんが、社会人用パネル（p. 201）と学生用パネル（p. 204）を示しました。いずれにしても今やっていること、あるいは今までにやってきたこととの繋がりが重要になります。

　社会人の場合、1章でも述べたように研究しようとするテーマと現在の職務との繋がりが重要です。したがって、質問パネルのQ1には勤務先、Q2には勤続年数を答えます。これらをそれぞれA1とA2の欄に書き入れます。以下、同様にA3には研究テーマと関係する具体的な職務を、A4にはA3で取り上げた職務との関連をヒントに研究したいテーマを書きます。次に、研究テーマだけでは1章で述べたように大きすぎるテーマになってしまいますので具体的な切り口をA5で示します。A6では、研究指導を受けたい教授の主催する研究室名を書きます。A5とA6がミスマッチとならないようによく調べてください。

　一方、学生の場合は社会人と異なり、大学で学んだことや卒論との繋がりをしっかりと書く必要があります。p. 204の実例を書いた方は卒業論文で働く女性、専業主婦の控除制度の見直し、所得における課税強化について分析を行いました。そして、大学院では高齢化社会に向けた税制度改革という点から、さらに進めて法人課税の側面からの研究を行おうとしています。このように卒業論文と大学院との研究は繋がりをもつのです。しかし、スムーズに繋がらない場合もあります。たとえば、専攻する分野を大きく変える―たとえば、理学部から経営学大学院へ―場合です。この場合には変更する理由を、アルバイトの経験などをふまえ、社会人用のパネルを利用して書くとよいでしょう。

≪社会人用の志望理由パネル≫

〔質問パネル Q〕

Q1. 現在、勤務している会社の名前は？ ___A1._____

Q2. 現在の会社の勤続年数は？ ___A2._____

Q3. その会社での具体的な仕事内容は？ ___A3._____

_____

_____

Q4. 職務と関連のある、研究となりうるテーマは？

___A4._____

Q5. その問題に対する研究法は？あるいは切り口は？

___A5._____

Q6. 志望する研究室は？ ___A6._____

§2 パネル法の活用例 **201**

≪社会人用の志望理由パネル≫

〔質問パネル Q〕

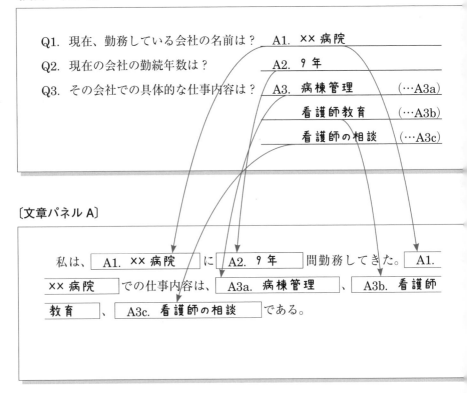

〔文章パネル A〕

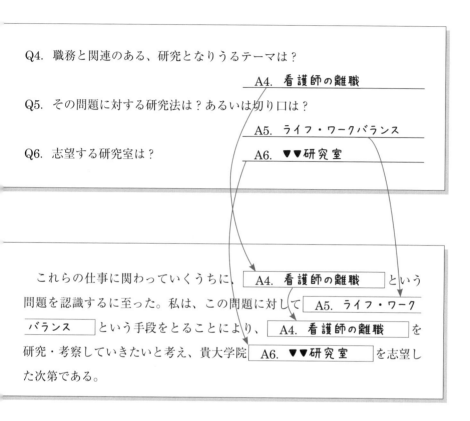

§2 パネル法の活用例

≪学生用の志望理由パネル≫

〔質問パネル Q〕

Q1. 所属している大学名は？　　　　A1. 進研大学

Q2. 大学での研究分野は？　　　　　A2. 租税法

Q3. 大学での指導教授は？　　　　　A3. 野林教授

Q4. 卒業論文の題目は？　　　　　　A4. 持続可能な税システム

Q5. 卒業論文のアプローチ法は？　あるいは切り口は？

　　　　　　　　　　　　　　　　　A5. 不公平税制の解消

Q6. 卒業論文で出した結論は？

　　　　A6. 働く女性と専業主婦との控除制度の見直し（…A6a）

　　　　　　所得におけるフリンジベネフィット課税強化　　（…A6b）

〔文章パネル A〕

　　　私は、| A1. 進研大学 | で | A2. 租税法 | を研究し、| A3. 野林教授 | 指導の下、| A4. 持続可能な税システム | を卒論テーマとして提出した。卒論では、| A5. 不公平税制の解消 | という手段により、| A6a. 働く女性と専業主婦との控除制度の見直し |、| A6b. 所得におけるフリンジベネフィット課税強化 | という結論を引き出した。

Q7. 卒業論文の中で解決できなかった問題は？

A7. 高齢化社会に向けた税制度改革

Q8. Q7の問題に対するアプローチ法は？　あるいは切り口は？

A8. フリンジベネフィット課税強化

Q9. 希望する指導教授は？　　A9. ××教授

Q10. 志望する研究科・研究室は？　A10. ■■研究科

　しかしいま、このテーマを書いて痛感していることは、未解決の A7. 高齢化社会に向けた税制度改革 という問題があることである。私は、この問題に対して A8. フリンジベネフィット課税強化 という手段をとることで、 A7. 高齢化社会に向けた税制度改革 の問題を A9. ××教授 指導の下、研究・考察していきたいと考え、貴大学院 A10. ■■研究科 を志望した次第である。

§2　パネル法の活用例　**205**

2-2 研究タイプ別パネル

● 実証分析型

　質問紙や聞き取り調査によってデータを収集しそのデータを分析することで問題の傾向や動向を探り、その成果をまとめていくときに実証分析型のパネルを使います。実際のところ心理学や経済学、経営学などの分野において現在行われている研究は実証分析型が主流です。

　では、実例（p. 208）をもとにパネルの書き方を見ていきましょう。まず、A1 に研究テーマを書き、そこで生じる問題の要因を A2 で述べます。A2 の説明を A3 に書き、A4 には A3 の問題が続いてきた要因を、A7 には A4 の影響や問題点を、そして A10 には期待される成果を書き入れます。ほかも同様に質問に答えていきます。

　ところで、A8 では「統計分析」と答えているのですが、できればもっと具体的に書き入れてください。たとえば、何名ぐらいの、どのような属性の人を対象に調べるのか。量的検定を行うとすれば χ^2 検定、t 検定、分散分析、回帰分析、因子分析のどれを用いるのかも明確に書き込みます。また心理学系の場合、気をつけなければならないのはデータ分析の信頼性と妥当性です。つまり検討しようとしているものを的確に把握できる分析法か否かを入念に検討して書き込む必要があります。具体的には「統計分析」ではなく「パイロット 50 名に質問紙と聞き取り調査を行う。その結果を分散分析で評価する。」といった具合に書き入れましょう。

　実証分析型の研究は現状に関する統計分析が中心になるため、研究方法の部分は特に詳しく書く必要があります。また、研究に必要な資料が収集できるかどうかについては、面接試験で聞かれますのでデータ収集の裏づけも考えておく必要があります。

● 改革・提案型

　改革・提案型パネルは現在の政策などに問題が生じている場合、それに対応する新しい政策を立案するときなどに用います。改革・提案型パネルは、主に政策、経済学、経営学などの分野で多く使われます。

　さて、これも実例（p. 210）をもとにパネルの書き方を見ていきましょう。こ

206　　7章　パネル法による研究計画書作成

の例は、「環境保全と発展」がテーマです。環境保全と発展はトレードオフの関係にあり、うまく対策をとることで持続的な発展を進めることができます。テーマをA1に、A2に世界的にこれに関してどのように考えられているかを書き入れます。どのような状況や国において生じたのかをA3に書きます。次に環境保全と発展に関してどのような問題が生じているかをA4に、A5には海外で採られている対策を書き、A6にはこの研究テーマがどのような状況を生み出しているのかをそれぞれ書き入れます。A7にはわが国の具体的対策を、A9にはその効果を、A10には具体的な検証法を答えます。

　ここでのポイントは課徴金の一つである炭素税を賦課することによって、環境を汚している人達に負担をさせ、内部経済化を図る改革と提案です。つまり、どのように改革することで、どのような効果が見込めるのかを見ていくことが重要です。炭素税を採用している海外の諸例を挙げながら検討していくのも参考になると思います。たとえばデンマークでは、炭素税を付加することにより、税金が高くなり国際競争力が下がっていくのを防ぐために企業の新規採用者に対して社会保険料の一部を還付する方式を採り入れています。このように雇用と環境政策を同時に行うものです。改革・提案型パネルの場合、A10の検証方法には、海外で行われている政策と比較したり、炭素税を実施した場合どうなるのかを明らかにするために、国際機関や官公庁が公表するデータをもとに統計分析する、と加えてもいいでしょう。

§2　パネル法の活用例　**207**

≪実証分析型≫

〔質問パネル Q〕

Q1. 取り上げるテーマは？　　　　　　A1. 航空機事故

Q2. その問題の特徴を二つ、それぞれキーワードで挙げなさい。

　　　　　　　　　　　　A2. 人的要因　　　（…A2a）

　　　　　　　　　　　　機械的要因　　　（…A2b）

Q3. A2a、A2b それぞれについてさらに説明しなさい。

　　　　　　A3. 操縦ミス、判断ミス、手順のミス（…A3a）

　　　　　　航空機設計、整備不良、故障（…A3b）

Q4. A3 が続いてきた理由について説明しなさい。

　　　　　　　　　　　　A4. 権力勾配　　　（…A4a）

　　　　　　　　　　　　アサーション　　　（…A4b）

Q5. A4 が維持できなくなった時期は？　A5. 2000 年代

Q6. A4 が維持できなくなった具体例は？　A6. 外国籍パイロットの増加

〔文章パネル A〕

【目的】

　A1. 航空機事故　には、A2a. 人的要因　と　A2b. 機械的要因　がある。前者は　A3a. 操縦ミス、判断ミス、手順のミス　であり、後者は　A3b. 航空機設計、整備不良、故障　のことである。事故の多くは人的要因に由来するもので、これが続いてきたのは　A4a. 権力勾配　と　A4b. アサーション　が要因として指摘される。我が国における航空業界で問題となるのは、A5. 2000 年代　の時期に　A6. 外国籍パイロットの増加　によりうまくいかなくなりつつある。

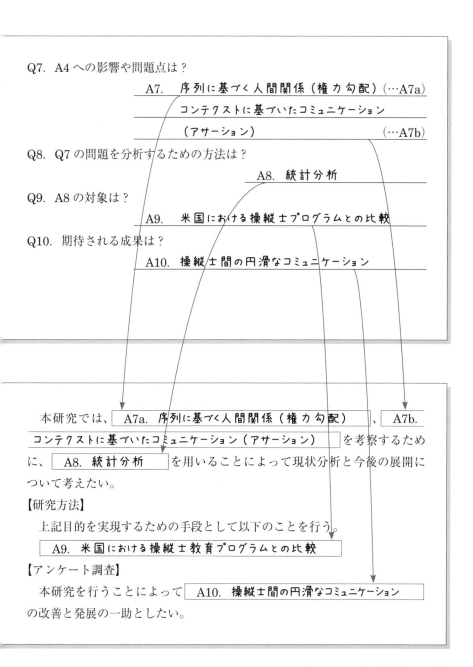

§2 パネル法の活用例　　209

≪改革・提案型≫

〔質問パネル Q〕

Q1. 取り上げるテーマは？　　　　　　A1. 環境保全と経済発展の両立

Q2. A1 はどのように考えられていますか。

　　　　　　　A2. 現在、世界的に関心が高く、推進すべきもの

Q3. A1 のテーマに関する問題が生じたのは、どのような状況においてですか。

　　　　　　A3. これまで経済成長を目的としてきた日本で

Q4. A1 のテーマに関する問題としてはどのような問題が挙げられますか。

　　　　　　A4. 環境のさらなる悪化　　　　（…A4a）

　　　　　　　危機的財政下での費用負担　（…A4b）

Q5. A1 のテーマに関する説明や定説を記入してください。

　　　　　　A5. ドイツ・デンマークでは炭素税が導入されている

Q6. A1 のテーマは、現実にはどのような状況をもたらしていますか。A4
　　と関連した答えを記入してください。

　　　　A6. 日本では幅広い炭素税の導入については今後さらに議論をしていかなければならない

〔文章パネル A〕

【研究目的】

　A1. 環境保全と経済発展の両立　は、A2. 世界的に関心が高く、
推進すべきもの　と考えられている。しかし、A3. これまで経済成
長を目的としてきた日本で　A1. 環境保全と経済発展の両立　に
は限界が生じてきており、A4a. 環境のさらなる悪化　、A4b. 危機
的財政下での費用負担　という問題が起こっている。A1. 環境
保全と経済発展の両立　については、A5. ドイツ・デンマークでは
炭素税が導入されている　のだが実際には　A6. 日本では幅広い炭
素税導入については、今後さらに議論していかなければならない　という
状況にある。

210　　7章　パネル法による研究計画書作成

Q7. A6 に関して、どのような対策が考えられますか。

A7. 環境税の一つとしての炭素税の導入

Q8. A7 の対策は具体的にはどのようなものですか。

A8. ガソリンなどの化石燃料に税金をかける　（…A8a）

その税収を環境保全分野へ使用する　（…A8b）

Q9. A7 の対策をとることによってどのような効果が考えられますか。

A9. 炭素税による抑制効果　（…A9a）

炭素税収を使った政策的効果　（…A9b）

Q10. Q9 の効果について、どのような方法で検証しますか。

A10. 炭素税による租税政策効果と経済への影響　（…A10a）

税収の使途の分析提言　（…A10b）

実施する場合の税率の検討とシミュレーション　（…A10c）

企業・個人へのアンケート調査　（…A10d）

　以上の問題への対策とし　A7. 環境税の一つとしての炭素税の導入　に関する議論が活発化している。具体的には、　A8a. ガソリンなどの化石燃料に税金をかける　A8b. その税収を環境保全分野へ使用する　というものであり、これを行うことにより　A9a. 炭素税による抑制効果　と　A9b. 炭素税収を使った政策的効果　が期待できる。本研究では、　A1. 環境保全と発展　の問題に関して、　A7. 環境税の一つとしての炭素税の導入　を提言することにより、問題の解決を試みる。

【研究計画・手法】

上記の対策の効果を検討する手段として以下のことを行う。

A10a. 炭素税による租税政策効果と経済への影響

（以下、略）

≪理論検討型≫（解説は p. 214）

〔質問パネル Q〕

Q1. 取り上げる理論や定説は？　　　　　A1. マルサス恐慌論

Q2. A1 は、どのような研究分野にあるのですか。

　　　　　　　　　　　　　　　　　A2. マルサスの経済体系

Q3. A1 の理論が果たした役割は？　　　A3. 過少消費恐慌の救済

Q4. A3 の役割を果たすための手段は？

　　　　　　　　A4. 不生産的階級として、地主階級を登場させる

Q5. A1 の理論や定説が影響を与えた学者は？

　　　　　　　　　　　　　　　　A5. J. M. ケインズ

Q6. A5 の人物が唱えた説は何ですか。

　　　　　　　A6. 有効需要不足による過少消費説

〔文章パネル A〕

【研究目的】

　　A1. マルサス恐慌論　は、　A2. マルサスの経済体系　の中で
重要な位置を占め、　A3. 過少消費恐慌の救済　という役割を、
　A4. 不生産的消費階級である地主階級を登場させる　ことによって
果たしている。この　A1. マルサス恐慌論　は　A5. J. M. ケインズ
に大きく影響を与えたというのが定説となっている。彼の説は　A6. 有効
需要不足による過少消費　というものである。

212　　7章　パネル法による研究計画書作成

Q7. A1 を唱えた人物と同時代に同じ説を唱えた人物はだれですか。

A7.　シスモンディ

Q8. A7 の人物が唱えた説は何ですか。　A8.　過少消費

Q9. A1、A5、A7 の理論や定説を比較検討することによって何が明らかに
なりますか。　　　　　　　　　A9.　マルサス恐慌論の自律性

Q10. A9 を比較検討する際に、どのような方法をとりますか。

A10. 19 世紀初頭の過渡恐慌を概観する　　　（…A10a）

マルサスの原理の中で恐慌論体系を検証　（…A10b）

シスモンディ恐慌論との比較　　　　　　（…A10c）

J. M. ケインズへの影響を検証　　　　　（…A10d）

　　しかし一方、　A7.　シスモンディ　　による　　A8.　過少消費　　という
説もある。この二つの説と　A1.　マルサス恐慌論　　との関わりを検討す
ることにより、　A1.　マルサス恐慌論　　がどちらに強く影響を与えたか
を確認するとともに、　A9.　マルサス恐慌論の自律性　　を明らかにした
い。以上のことを明らかにすることが本研究の目的である。

【研究計画・手法】

A10a. 19 世紀初頭の過渡恐慌を概観する

A10b. マルサスの原理の中で恐慌論体系を検証

A10c. シスモンディ恐慌論との比較

A10d. J. M. ケインズへの影響を検証

§2　パネル法の活用例　　**213**

● 理論検討型

理論検討型パネルは、経済学史、政治学史、歴史学、哲学、経営学史、社会学史などで用いられ、これまで一般に唱えられてきた定説について「誰の影響を受けているのか」「その後、どのように発展をしていったのか」などを研究する場合に多く使われます。

ここでとり上げている例は、経済学史における過少消費説をめぐるマルサス、シスモンディ、ケインズの理論的検討と影響を研究しようとしています。

まず A1 には、とり上げて検討しようとする理論を、A2 にはその理論の書かれている体系を、A3 にはその理論が目標とした政策を書き入れます。A4 には具体的な対策を、A5 にはその理論が直接影響を与えた後世の学者を書き、両学者に共通している理論を A6 に書きます。さらに、マルサスと同時代に恐慌論を提唱した人物を A7 に書き入れます。最後に研究方法について検討すると、この場合は文献調査が中心になります。A10 には具体的な方法を書き込みます。

参考までに 19 世紀初頭の過渡恐慌では、マルサス、シスモンディの「過少消費」説陣営と、セイ、リカードの「販路」説陣営が論争を繰り広げました。マルサスは有効需要の理論を背景に過少消費を主張しこの考えはケインズに評価され、後に有効需要をコントロールするケインズ経済学として現在のマクロ経済学の基礎となりました。一方、セイは販路説を唱え生産されたものは価格調整によって必ず消費されると説き、市場の供給過多は一時的なものであるとしました。このセイの考えはセイ法則として現在のミクロ経済学の基礎となりました。

■監修者

野林　靖夫 （のばやし　やすお）

進研アカデミーグラデュエート大学部 主宰

明治大学 農学部 農業経済学科 卒業

明治大学大学院 政治経済学研究科 経済学専攻 修士課程修了

大学院・編入指導歴　40 年

著書に、『大学編入・社会人入試　これが出る！問題集』『これで書ける！大学院研究計画書攻略法』『新版　大学編入・大学院　これで決まり！志望理由書・面接対策』『大学編入・社会人入試　これだけ！小論文』『すっごーく簡単！０からの心理統計』『臨床心理士・指定大学院対策　まるおぼえ心理学一問一答』『大学生スマート NAVI　単位まるどり』(以上、オクムラ書店)がある。

■著者

千島　昭宏 （ちしま　あきひろ）

中央大学 商学部 経営学科 卒業

横浜国立大学大学院 国際社会科学研究科 経営学専攻 博士課程修了

経営学博士

■編者

進研アカデミーグラデュエート大学部

214-0014　川崎市多摩区登戸 2777-2　N100 ビル 2F

電話　044-933-8787

合格ナビ！　研究計画書の書き方

2016 年　2 月 25 日　　第 1 刷発行
2021 年　5 月 25 日　　第 4 刷発行

編者　　進研アカデミーグラデュエート大学部
著者　　千島　昭宏
監修者　野林　靖夫

発行所　　東京図書株式会社
〒102-0072 東京都千代田区飯田橋 3-11-19
振替 00140-4-13803　電話 03(3288)9461
http://www.tokyo-tosho.co.jp

ISBN 978-4-489-02232-6
© Akihiro Chishima, Yasuo Nobayashi, 2016
Printed in Japan